民主主義の危機

CRISES OF DEMOCRACY

比較分析が示す変容

Adam Przeworski

アダム・プシェヴォスキ

吉田徹・伊﨑直志 訳

白水社

民主主義の危機——比較分析が示す変容

CRISES OF DEMOCRACY
by Adam Przeworski

Japanese translation published by arrangement with Cambridge University Press
through The English Agency(Japan)Ltd.

民主主義の危機＊目次

装幀＝コバヤシタケシ　　組版＝鈴木さゆみ

凡例

一、本書は、Adam Przeworski, *Crises of Democracy*, Cambridge: Cambridge University Press, 2019 の全訳である。

一、訳中の（　）、［　］は原著者によるものである。一部、訳者の判断で文言の順序を入れ替えた箇所がある。

一、原文中の引用符は「　」で括り、書籍名は『　』で括った。

一、原文中のイタリック体で記された箇所には、原則として強調点を付した。

一、訳者による補足および簡単な訳註は、すべて〔　〕で括って挿入した。

一、原著の明らかな間違いや体裁の不統一については、訳者の判断で訂正した箇所がある。

まえがき

時事について研究書を著すことは危険なことだ。本が書かれてから読者の手に渡るまで時間がかかる一方、その間、政治はとめどなく動き続けるからだ。それゆえ、以下の記述の多くは、「この段階ではこうだ」という但し書きがつくことになる。しかし、ある本が何がしかの価値を持つのだとすれば、その議論と結論が、その間に生じた特定の出来事にも耐え得るものであることが必要だ。ただ、私はこのことをさほど自信を持っては言えない。というのも、本書を執筆するきっかけとなったのは、ドナルド・トランプの当選という全く予想だにしなかった出来事だったからだ。しかし、今から振り返ってみると、現在のアメリカやヨーロッパのいくつかの国の民主主義の現状を憂慮すべき理由は、その偶発的な出来事よりもはるかに根深いところにあることが明らかになったからだと思う。もしトランプが敗北していたら、私を含めて同じような本を慌てて書いている人々の多くは、今ごろは他の仕事に打ち込んでいたことだろう。それでも、トランプを公職につけた経済的、社会的、文化的条件は変わらず存在したはずだ。現状に対する不満の原因は根深く、偶発的な出来事でもって緩和されるようなものではない。本書の執筆を通じて私が学んだのは、まさにこのことだった。ゆえに、もしクリントンが勝利していたり、ブレグジットが起こらなかったりしたり、あるいは先進民主主義諸国のいかなる政権であれ、投票した人々の生活を改善できなかったりしていたら、一体どうなっていたのかが問われなければならない。ではどうするのか。なにに解決策を探るべきなのか。経済政策なのか、政治改革なのか、それとも社会の分裂と人種差別を止めることのできる言説的な戦略なのか。こうした問いに対して、私は確たる答えを持ち合わせていないから、読者に納得してもらおうとも思わない。私にできるのは、問いを発し、可能性を探り、そして、ともに考えよう、と読者に呼びかけることでしかない。

そのため、まず民主主義が確立している世界の国々の現在の政治状況を一瞥し、そして過去における民主体制の崩壊の文脈に置くことで、将来を展望してみたい。確固とした結論に至らないことに落胆する読者もいることだろう。しかし、いくら本が積みあがったところで、あらゆることに答えがあると思うのは間違いだ。もちろん、私たちの周りで起きていることに意味を探り、私たちを驚かす様々な出来事には何らかの連関があるはずで、あらゆるものに何らかの原因が必ずあるはずだと考えたくなる衝動は、理解できるし、共有もする。それでも、何が原因で何が結果かを特定するのは、多くの場合困難であり、時として不可能でもあるのだ。特に現在のような危うい時代にあっては、何をすべきかを決める前に、何を知らないかを知っておくことが大事だ。したがって、民主主義の将来を懸念して本書を手に取ってくれた読者たちには、懐疑的な見方を促したいと思っている。同時に、大学院生や専門家の同僚たちには、技術的には困難でも、政治的に重要な問いに関わる研究の芽を本書から見出してくれることを願っている。

本書の主題は、現在の経済的、文化的、そして政治的状況に潜んでいる民主主義への脅威についてだ。もっとも、私たちが直面している最大の脅威は民主主義にとってではなく、人類にとってのものだ。もし今すぐに何か思い切ったことをしなければ、私たちの子どもたちは火に包まれたり洪水に呑まれたりしてしまうだろう。もしこの脅威が現実のものとなれば、私たちの民主主義に関する懸念も水泡に帰してしまう。残念なことに、この妖怪は政治からまだ十分に注意を払われておらず、こうした欠落は本書にも反映されている。だがこの妖怪は、私たちが大事に思っているものすべてに不気味な影を落としているのである。

本書の各部分については、すでに多くのひとがコメントをくれた。内容は、カルロス・アクナ、ホセ＝アントニオ・アギラ・リヴェラ、ジェス・ベンハビブ、ピエール・ビルンボーム、ブルース・ブエノ・デ・メスキータ、崔元準、ダニエル・クッキアマン、ラリー・ダイアモンド、ジョン・ダン、ホアン・エステバン、ロベルト・ガルガレッラ、スティーヴン・ホームズ、ジョン・フィアジョン、ジョアン・フォックス＝プシェヴォスキ、フェルナンド・リモンジ、罗兆天、ボリス・マカレンコ、ベルナール・マナン、ホセ・マリア・マラヴェル、アンドレイ・メルヴィル、パトリチオ・ナヴィア、グロリア・オリッジ、パスクアレ・パスキーノ、モリー・プシェヴォスキ、ジョン・ローマー、パチョ・サンチェス＝クエンカ、アレクサンダー・スモラー、ウィリー・ゾンライトリー、ミラン・スヴォリク、フアン・カルロス・トーレ、ジョシュア・タッカー、ジャージー・J・ウィアッタ、そして三名の匿名の査読者たちに負うている。特に、分析枠組みの再考を促してくれたジョン・フィアジョンに感謝したい。

第一章　イントロダクション

「危機は、まさしく、古いものが死に、新しいものが生まれることができないという事実にある。この中間的空白期にはさまざまな病的現象が現れてくる」
（アントニオ・グラムシ『獄中記』一九三〇年、二七五―六）

何かが起こっている。多くの成熟した民主主義国で「反エスタブリッシュメント」、「反システム」、「反エリート」、「ポピュリスト」的な感情が噴出している。ほぼ一世紀にわたって同じ政党が民主政治を支配したのち、雨後の筍のように新しい政党が生まれ、既成政党への支持は減り続けている。多くの国では、投票率がかつてない水準にまで下がっている。政治家や政党、議会、政府に対する信頼も減っている。統治システムとしての民主主義への支持すらもが弱くなっている。どのような政策が良いのかについての有権者の選好も分裂している。さらに症状は、政治の次元にとどまらない。メディア、銀行、私企業、そして教会をも含め、あらゆるものが信頼されなくなっている。異なる政治的見解、価値、文化を持つ人々は、互いをますます敵視するようになっている。相手に酷いことをなすことさえも辞さないようになっている。

民主主義は危機にあるのだろうか。その変化は時代を画するものなのか。私たちは一つの時代の終焉を迎えているのだろうか。オオカミ少年となるのを避けるためには、広い視野を持たなければならない。西洋文明、歴史、民主主義などの「終焉」や、国家、イデオロギー、国民国家などの「死」は、常に喧伝されてきた。確かに、こうした主張は耳目を引くものではあるが、私にはこれらのいずれもが終わったり、死んだりしたようには見えない。ゆえに、恐怖に屈することなく、少しばかりの懐疑心を持つことから分析を始めよう。そこで検証すべきは、事物は移ろいゆくもので、今この瞬間に例外的なことなど何一つない、という説だ。結局のところ、ハンガリーのマルクス主義者、ゲオルグ・ルカーチがいったように「危機とはブルジョワ社会の日常の強化に過ぎない」という言葉は真摯なのかもしれない。ちなみに、ハーヴァード大学のワイドナー記念図書館には二十世紀に出版された「危機」という言葉をタイトルに持つ英語書籍が一万三六〇〇冊以上所蔵されているそうだ（Graf and Jaraush 2017）。

それでも、多くの人々が今回こそ何かが違っており、少なくとも先進民主主義国は前代未聞の状況に見舞われており、そして民主主義が徐々に劣化し、「後退」し、そして場合によってはもはや生き残れないかもしれないと感じていることは確かなのだ。

1・1　民主主義の危機

もし民主主義が危機に瀕していると憂慮するならば、その兆候として一体何を確かめるべきだろうか。民主主義の危機を見極めるためには、まず概念上の手掛かりが必要だ。そもそも民主主義とは何なのか。危機とは何なのか。危機はすでに訪れているのか、それとも迫りつつあるのか。もしすでに訪れているのなら、それをいかに見分ければよいのか。まだ見えぬものならば、それが訪れる予兆をどこに求めるのか。

私たちは「もし民主主義がXでないならば……」「もし民主主義がXを生み出さないならば……」と繰り返し聞かされる。この続く部分が明言されることはほとんどないが、ここではXがない限りある体制は民主主義とは言えない、もしくはXが満たされない限り民主主義は持続しない、ということが仄めかされている。前者の主張は、しばしば定義の中に隠されているが、規範的な立場からのものだ。例えばスキナーは、仮に競争的寡頭制であっても、一部の人間だけが支配する体制を「民主主義」と呼ぶのは相応しくないとしている（Skinner 1973: 303）。また、ロザンヴァロンは、「多数派の民意と同時かつ補完的に統御と検証の試練に晒されていなければ権力は十分に民主的とは言えない」としている（Rosanvallon 2009）。後者の主張は、経験的な立場のもので、民主主義はいくつかのXがなければ（もしくは欠如していれば）、民主主義は持続しないとする。もし民主主義が機能するためには特定の条件――例えばJ・S・ミルが言ったような「高い賃金と高い識字率」（J.S. Mill 1977: 99）――を満たす必要があるとすれば、こうした条件が欠如すれば崩壊しやすくなるというわけだ。これら条件としては、多少の経済的厚生、政治制度に対する市民の一定程度の信頼、あるいは最低限の公的秩序といったものが最も有力な候補である。

したがって、民主主義が危機にあるかどうかを判断する手立てとしては、民主主義にとって不可欠な特徴が欠けているかどうかが基準に据えられなければならない。ギンズバーグとヒュク（Ginsburg and Huq 2018a）のいう三つの「民主主義の基本的な述語」なるものは、競争的選挙、表現や結社の自由の権利、法の支配から成り立っている。この三位一体を民主主義の定義とすれば、民主主義が危機にあるかを見極めるための便利なチェックリストを入手できる。すなわち、選挙が非競争的か、権利が侵害されているか、法の支配が崩壊しているか、というものだ。他方で、特定の状況下では民主主義が生存できないと信じるのであれば、こうした侵害がないとしても、心配の種は尽きない。つまり、定義から導き出されたチェックリストを手にしても、潜在的な脅威によって民主主義の生存が脅かされる仮説がなくならないのであれば、こうした脅威がどのようなものかを特定しなければならない。もしこうした仮説が有効で、民主主義の生存がそのパフォーマンスにかかっており、そして求められた結果を民主主義が提供しないのであれば、危機が発生する。すなわち、民主主義は危機に瀕することになるのだ。

なお、民主主義のいくつかの特徴は、定義的にも経験的にも扱われることがある。ロザンヴァロンのように民主主義を「立憲的民主主義」と定義し、多数派支配に対する制約がなければならないとする立場からすれば、司法の独立性の低下があれば、何かがおかしい、と一応は言えるかもしれない。しかし、もし司法が独立していなければ政府は好き勝手なことをし、リベラルな権利を侵害し、選挙を非競争的にしてしまう、と論じることもできる。「民主主義」に形容詞を付け加えることの問題は、望ましいものすべてが併存するとは限らないことにある。民主主義の定義に様々な特徴――選挙、自由、立憲、代表制、社会的——を付け加えていくほど、その分チェックリストは長くなり、ここからさらに多くの危機が見出されてしまう。これに対して、同じリストを経験的仮説の集合として用いることもできる。そうすれば、選挙が競争的であること、権利が守られること、法の支配が行き渡ることの条件とは何なのかを経験的に探ることが可能になる。もし権利が守られ、法が支配している場合にのみ選挙が競争的であるということが真であれば、そのいずれか一つを定義として用いて、その他のものを「前提条件」とすることができる。もし両立しないのであれば、ある種の定義上のミニマリズムが必要となる。つまり、考え得る特徴のうちの一つを定義として選択し、その他はそれを満たすような仮想条件として扱わなくてはならない。

つづめて言えば、何を危機とみなし、いかに対処すべきかというのは、民主主義をどのように捉えるのかにかかっているということになる。ここで私が採用する民主主義観は、「ミニマリスト」かつ「選挙主義的」なものである。まず、民主主義とは、人々が選挙を通じて政府を選択し、好ましくない現政権を排除できる相応の可能性を持つという政治的な取り決めのことである（こうした立場に立つ論者として Schumpeter 1942、Popper 1962、Bobbio 1987）。民主主義は、単に現職が選挙に負け、負ければ去るというシステムに過ぎないわけだ。それゆえ、選挙が非競争的になる、あるいはその結果が権力者にとって取るに足らないものとなるような危険性に私は関心を向けるだろう。繰り返しになるが、こうした脅威にはダールが指摘した競争的な選挙の前提条件——リベラルな権利や自由——に対する侵害も含まれる（Dahl 1971）。これがなければ、政府与党を打ち負かすことはできないからだ。その他にも、法の支配の崩壊や司法の独立の侵害、「代表制民主主義」における代表制に対する信頼の欠如、

「社会民主主義」における極端な不平等、あるいは「自由民主主義」における治安維持を目的とした抑圧といったものを加えることもできる。しかし私は、こうした侵害を市民が選挙を通じて政権を代える能力に対する脅威として捉え、「民主主義」の定義上の特徴を損なうものとは考えない。

こうした「民主主義」のミニマリストな捉え方と「法の支配」との関係は、特に複雑である。まず、二院制や大統領の拒否権といった超多数派制度や、憲法裁判所や独立した中央銀行といった、反多数派制度が法の支配を支えるために不可欠かどうかは、論理的にも経験的にも疑問符がつく。例えば、ガルゲラは、こうした制度がなくとも多数派が自らを抑制でき、抑制することを望むようなメカニズムを複数挙げている（Gargarella 2003）。マクガンが指摘するように、イギリスやスウェーデンなどの先進民主主義国では、権力分立や違憲審査権がなくとも、多数派は権利侵害を自制しているのである（McGann 2006）。現に、ディグジットほかが論理的に証明したように、政権が超多数の支持を得てしまえば、超多数派的な制度であればあるほど、一層酷い権利侵害が行われる可能性はむしろ高くなるのである（Dixit, Grossman, and Gull 2000: 533）。

次に、「法の支配」が括弧で括られているのは、サンチェス゠クエンカが賢明に指摘するように、「法が統治するのではない。統治とは行為であって、法は行為できない」ためだ（Sanchez-Cuenca 2003: 62）。民主主義と法の支配の関係と一般的に考えられているものは、実際には、政府と裁判所という、人々が植民された機関同士の関係なのである（Ferejohn and Pasquino 2003）。法が「支配」するのは、政治家や官僚が裁判官の判断に従う場合に限られるのであり、政治家が憲法裁判所の判断に従うか否かは、選挙上のインセンティブゆえの偶発的な結果に過ぎない。加えて、後述するように、憲法裁判所裁判官を含む個々の判断が党派性によってゆがめられている場合、政治家の施策が法規範や憲法規範に合致しているのか否かを判断するのは、往々にして不可能に近い。民主主義のもとでは、政治家を律する唯一の有効な手段は選挙なのだ。ディグジットほかが指摘するように、「統治する諸個人は自身の権力が終わりを迎える可能性を十分に予期しなければならない……また、失ったとしてもそれを再び取り戻せる可能性も予期しなければならない」（Dixit, Grossman, and Gull 2000: 533）。つまり、ここでは二つの可能性がある。一つは、政治家（と官僚）が裁判官に従う可能性だ。そうしなければ選挙に負けるからであり、結果として「法」が支配するようになる。もう一つは、政治家が裁判官に従わない可能性である。裁判官の判断に政治家が従うことを多数派が望まず、従えば選挙に負けるからである。つまり法の支配が破られようとも、政治家が選挙に負けることへの恐れに大きく動かされて行動する限り、ミニマリスト的な定義に従えばその体制は依然として民主主義的である。この場合、民主主義は非自由的——この言葉はザカリアが広め（Zakaria 1997）、ハンガリー首相のヴィクトル・オルバンがわが物とした——かもしれないが、これも政治家がそうしなければ選挙に負けるだろうと予期するから、非自由的になるのである。ただし、政治家が選挙を恐れておらず、多数派が望むにもかかわらず裁判官に従わない場合は、この体制は民主主義的とは言えないだろう。

　このように考えれば、民主主義とは紛争を調停するメカニズムのことだとわかる。政治制度は、社会的対立を政治的に組織することで構造化したり、公的秩序を脅かすような紛争を緩和したり、これらをルールに則って調整したりすることで、紛争を秩序立てて管理する。議会進出を制度的に保証された政治勢力だけが政治活動を行い、さらにこうした組織が制度を通じて利益を追求し、一時的な不利益も受忍するインセンティブを持つ場合、制度的秩序は広くいきわたる。つまり、すべての政治勢力が制度の枠外ではほとんど何も得られないだろうと判断し、この制度的枠組みの内部で利益を追求しながら、現時点ないし近い将来に何か獲得できると期待する場合のみ、紛争は秩序あるものになるのである。したがって、社会で生じるあらゆる紛争が制度的枠組み——最も重要なのは選挙だが、団体交渉制度、裁判所、官僚機構も含まれる——に取り込まれて処理され、要求の内容如何にかかわらず、誰しもがこうした制度にアクセスできるならば、民主主義はうまく機能する。要するに、政治的対立が自由と市民的平和の中で処理される時に、民主主義は機能するのである。

　経済的利益、文化的価値、象徴的問題、あるいは単なる一時的な激情に関わるかどうかで、ある時期のある社会を分断する紛争は激しくも弱くもなり、社会の分断線も異なるものになるだろう。その形態や主体、強度などは、政府の行動と競合する政治勢力が示す選択肢に応じて決まる。制度化された紛争に伴う賭け金は、単に社会で生じる対立の激しさを反映しているのではない。制度的枠組みは、社会紛争が政治的に組織される方法を形作るのであり、あるものは政治的競合の帰結の賭け金を高め、あるものは制限するのである。第九章で確認するように、制度的枠組みでの賭け金が低すぎず、高すぎない場合にのみ、民主主義はうまく機能すると私は信じる（これに関する専門的議論は Przeworski, Rivero, Xi 2015 を参照）。選挙結果が仮に人々の生活に何の影響も及ぼさない場合は、その賭け金は低すぎ、逆にその敗者に堪えがたいほどのコストを強いる場合は、掛け金が高すぎるということを意味する。もし選挙が自身の生活を変えるほどのものではないと人々が判断すれば、ワイマール共和国の時のように、彼らは「ザ・システム」に背を向けることになるだろう。もし選挙で敗北した者たちが、自らの利益や価値を大きく損なう政策を政府が続けると察知すれば、チリのアジェンデ大統領時代のブルジョワたちのように、暴力を含むあらゆる手段を使って抵抗するようになるだろう。したがって民主主義が機能するのは、選挙で何かが争われていながらも、それがあまりに過大なものでない時なのだ。

シュンペーターの「ミニマリスト」的な民主主義観（Schumpeter 1942、第二三章第二節）についてしばしば見落とされているのは、政府が統治でき、しかも実効性ある形で統治しなければならないことを重視している点だ。ワイマール共和国やフランス第四共和制のように、選挙制度が政権の不安定化を招いたり、チリのアジェンデ政権期のように権力分立の原則から行政府と立法府とが膠着状態に陥ったりして、制度的枠組みが政府の統治を困難とした事例は後に詳しく見る。ただ、実効的な統治のためには、政府は多数派を満足させながらも、急進的な少数派の主張を無視してもならない。ただ、対立が激しく、社会が極度に分極化しているときには、主要な政治勢力すべてに受け入れられる政策を見出すことは難しく、時として不可能でもある。どれだけ善良かつ能力ある政府であっても、できることには限界があるのだ。

このような事態が常態だとしたら、民主主義が「危機にある」のはどのような時だろうか。「危機」という言葉の語源は、古代ギリシャ語の「決断」にある。つまり危機とは、決断が常に求められるような、持続し得ない状況を意味する。そしてそれは、現状維持が不可能となり、しかし代替するものがどこにも見当たらない時に生じるものなのだ。私たちが「危機的な状況にある」と言うのは、こうした意味においてだ。医者が患者は危機的な状況にあると言う時、それは患者が回復するか死ぬかはわからないが、現状は維持できないということを指している。また、危機が決定的かどうかは場合にもよる。時として急迫したものもあれば、不穏な症状を伴いながら、いつまでも消えないこともあるだろう。

冒頭のグラムシの標語が示唆するところによれば、危機が予感されるのは、現状がある面でもはや維持できなくなり、民主主義に対する何らかの脅威がすでに顕在化しているにもかかわらず、現状の民主的制度が旧態依然なままにとどまっている場合である。マルクスは「存立するための物質的条件が古き社会の枠組みの中で熟さない限り、新たな優れた生産関係が古いものに取って代わることはできない」と考えたが（Marx 1979[1859]: 43-4）、現行の制度が機能不全に陥ったとしても、別の制度が「機械仕掛けの神《デウス・エクス・マキナ》」として地上に降り立つ保証はどこにもない。現行の制度が望まれる結果を生み出さない時に何が起きるかは、その制度の特質、代替する制度——どちらがより良いだろうか——、外部条件、その条件下で関係する政治勢力の行動などにかかっている。現行の制度下で変事が起きているからといって、別の制度のもとで好転するとは限らない——ウィンストン・チャーチルの民主主義観〔「民主主義は最悪の政治的形態である。他に試みられたあらゆる形態を除けば」〕はまさにそうしたものだった。他方、代替制度が適切なものであっても、現行の制度における政治権力関係を考慮すれば、事態が長期化することは十分にありうる。つまり危機とは、現行の制度が何らかの惨状にある状況であり、変化はないが起きるかもしれない、という状況なのだ。何らかの意味で現状が脅かされているのかどうか、そしてそれが既存の代表制度に影響を与えている気配が認められるのか。以下ではこれらが精査されよう。

ところで、「資本主義の危機」についても補足しておかなければならないだろう。「資本主義」とは、大部分の生産資源の私的所有と、市場を通じた資源配分と所得分配の組み合わせからなる制度のことだが、これは周期的な「危機」を経験してきた。この「危機」というのは、所得が急激に減少しつつ、インフレが高進するか失業が急増するか、あるいはその両方が発生する時期と理解されている。例えば一九七〇年代の「スタグフレーション危機」では、原料価格の急騰により、高インフレと高失業率が併発した（Bruno and Sachs 1985）。しかし、経済危機は「資本主義の危機」と同義なのだろうか。確かに、経済が沈滞すれば資本主義が崩壊する、少なくともその可能性があると考えるのなら、同一視できるかもしれない。しかし、資本主義の内破はありえない。大不況の最中の一九三二年、有名な左派経済学者のミハウ・カレツキが「資本主義による危機からの脱出は可能なのか」と問うた時（Michal Kalecki 1972 [1932]）、彼が言わんとしたのは、経済危機を乗り越えるための調整は痛みを伴い、時間がかかるにせよ、資本主義そのものは自己修正的なシステムだ、ということだった。物価と賃金は簡単に変わらないかもしれないが、やがて需要と供給が調整されて危機を脱し、資本主義は持続することになる。資本主義を政治的革命によって廃止することはできるかもしれないが――カレツキが検討し、共産主義者が実現した――、資本主義自らが内破することはない。危機を理解するうえでの一般的教訓として引き出せるのは、制度によっては自ら生み出す結果に動じないものがあり、制度のもとで生じた危機が制度自体の危機につながるとは限らないということである。

もっとも、民主主義のもとで生じる惨状は、民主主義の危機に転じ得る。ハーバーマスを参照する限り（Habermas 1973: 49）、危機が生じるのは以下のような状況だ。

――経済システムが必要な限りの消費可能な価値を生産しないとき
――行政システムが必要な限りの合理的決定を行わないとき
――正統化システムが必要な限りの動機づけを広く行き渡らせないとき
――社会文化システムが必要な限りの行為を動機づける意味を創出しないとき

もっとも、このリストは、研究指針とするには抽象的過ぎる。注視すべき惨事としては、経済危機や社会での激しい紛争、政府的麻痺（特殊な民主的制度のために政府が統治困難い陥る状況）などが考えられる。

状況が何らかの脅威に晒されていると考える時、私たちはその予兆、すなわち変化の前触れを探すものだ。一九三一～三三年のカナダや二〇〇一～〇三年のウルグアイなど、深刻な経済危機を経験しつつも、影響が政治に及ばず、民主主義が弱体化する兆候がなかった国もあった。しかし、様々な領域での危機――経済的、文化的、政治的（例えば、一九九三年のイタリアや今のブラジルのような汚職スキャンダル）――が、現存の民主的制度を明らかに弱体化させることもある。民主主義が危機にあることの明白な兆候には、既成政党への支持の急な下落、民主的制度や政治家に対する人々の信頼の低下、民主的制度をめぐる露骨な対立、あるいは政府が抑圧的手段なしに公的秩序を維持できない事態などが挙げられる。おそらく最も明瞭な危機の兆候は、公的秩序の崩壊だろう。リンスの言葉を借りるならば、「最も深刻な危機とは民主主義の枠組みの中で公的秩序の維持が不可能になる」ことだ（Linz 1978: 54)。投票用紙に代わって手拳や石、鉄砲玉が用いられる時、民主主義は危機に陥る。すなわち、反対勢力が現職の政治家を公職から排除することが不可能になり抵抗するしかなくなる時、あるいは反対勢力が政府の正統性を認めず、政府が弾圧によって身を守ろうとする時、そして敵対する政治勢力同士が制度を通じて利害が交錯した結果を拒否し、往往にして暴力を伴う正面衝突へと回帰する時のいずれかだ。こうした状況が長引けば、公的秩序は崩壊し、日常生活は麻痺し、暴力の連鎖が起きやすくなる。こうした危機は、ワイマール時代のドイツや、アジェンデ大統領時代のチリがそうであったように、民主的制度が膠着状態を引き起こすと、いよいよ致命的なものとなる。

制度は、ある人々にとっては耐え難く、他の人々にとっては望外の帰結をもたらすことがある。また、どれほど規範的な執着を持っているかは、人によって異なる。秩序よりも自由を重んじる者もいれば、自由を犠牲にしてでも列車を定刻通りに走らすことを優先する者もいる（ムッソリーニはファシズムのもとでそれを実現すると言ったが、できなかった）。したがって、危機を理解するには、利害や価値の対立という観点から考える必要がある。貧乏人は収入が増えなければ不満を持つだろうし、金持ちは富と健康を享受するだろうし、自身の貧富を問わず政治的・経済的な不平等それ自体を気にかける者もいるだろう。危機の解決策は、論争的で政治的紛争の対象になりやすい。また、こうした状況下で関連する政治アクターがいかに行動するかによって変化する。この限りにおいて、危機の解決策は事前には予測し難い。経済的不平等を小さくすれば民主主義の活力を取り戻せるのだろうか。移民受け入れを制限すれば急進右派的な感情を鎮めることができるだろうか。代表制度にいくらか手を加えれば、これに対する信頼を取り戻すことができるのだろうか。危機時のアクターは様々な行動をとり、ここから様々な結果をもたらす可能性があるため、私たちにできるのは、せいぜい何が起こりそうで、何が起こりそうでないのかを見極め、そして最も起こりそうなことについて、多少なりとも大胆な予測をすることくらいだろう。

では、危機の結果はどのようなものとなるのか。すべての危機が致命的となるわけではない。なかには、以前の状態を回復して「正常」に戻るものもある。幸いにして危機の原因が消失する場合もある。民主主義は、社会が経済恐慌に陥った時に危機を迎えるかもしれないが、他方で経済が回復すれば危機は過ぎ去るかもしれない。また、部分的な改革によって危機を乗り切れることもあるだろう。現行制度によって利益を得ている集団は、そこで最も苦境に置かれている集団に譲歩することができる。このような譲歩は、危機が去れば撤回されると思われないように、信頼できるものであるべき必要もある。したがって、譲歩は何らかの制度的改革を伴わなければならない。典型的な事例は、参政権の下層階級への拡大で、選挙結果を左右する投票者の所得配分を変更して、革命の脅威を取り除いた (Acemoglu and Robinson 2000)。だが、民主主義について考える際、私たちが恐れるのは、ある政治勢力が、すでに発生している惨事——経済危機、社会の根深い分断、公的秩序の崩壊——を食い止めるためには政治的自由を捨て去り、強力な指導者のもとに団結し、意見の多様性を抑圧しなければならないと主張し、それが受け入れられてしまうことだ。つまり、専制や権威主義、独裁など、何と呼んでも構わないが、こうした抑圧的な体制が敷かれてしまう恐れだ。迫りつつある事態は、民主主義が突如として崩壊するか、あるいは後戻り不可能な点まで徐々に侵食されるかのいずれかである。

思うに、今日、私たちに付きまとっている亡霊は、後者の可能性だろう。すなわち、民主的な制度や規範がほとんど気づかれることなく徐々に侵食され、民主主義が密かに破壊され、「正当な民主的信任を得た体制内にある法的メカニズムが、反民主主義的な目的のために利用されること」である（Varol 2015）。民主主義が崩壊したという明確な兆候がなければ、「選挙民主主義」（Schedler 2006）、「競争的権威主義」（Levitsky and Way 2010）、「非自由的民主主義」（Zakaria 1997）、「混合体制《ハイブリッド・レジーム》」（Karl 1995, Diamond 2002）といった分類が示すように、その線引きは曖昧なものとなる。民主主義の「後退」、「脱定着」、「退行」などは、必ずしも憲法の侵害を伴わずに、民主的制度を徐々に破壊していく。

「民主主義の危機」という概念を要約するならば、次のような構図となる。何らかの外的ショックが加えられた時、民主主義は何らかの結果を生むことになるが、その結果や民主的制度そのものについて異なる選好を持つ人々は、これを肯定的にも否定的にも評価する。従来の民主的制度の存続を脅威に晒す結果は「惨事」となる。ある状況が危機として認められるには、民主的制度が脅かされているという、いくつかの明瞭な兆候がなければならない。こうした兆候に注意を払わなければならないのは、それが民主主義の崩壊や漸進的な侵食の前触れとなるかもしれないからだ。とはいえ、危機に対する解決策としては、制度的な均衡の回復、民主主義を維持するための伝統的な代表制の部分的な改革といったものだけでなく、民主主義の突発的な破壊や漸進的な破壊すらをも想定できる。

そもそも、民主主義はなぜ危機に対して脆弱なのか。忘れてはならないのは、民主主義は人類史のごく一部を占める過ぎず、最近誕生したばかりで、まだ稀なものであるということだ。これが誕生したのはアメリカで個人選挙権に基づく全国規模の選挙が行われた一七八八年のことで、さらに選挙で政権が交代したのは、やはりアメリカで一八〇一年にあったのが初めてのことだ。対して、暴力の使用――クーデタと内戦――は、絶えず繰り返されてきた。一七八八年から二〇〇八年までの間で、選挙を通じた権力の交代は五四四回、クーデタによるものは五七七回を数えた。ごく最近になるまで、政権が選挙で敗北するのは稀なことで、平和裏に政権交代が起きるのはさらに稀なことだ。国政選挙で現職が敗北したのは五回に一回程度で、平和的な政権交代はもっと少ない。そして今日時点で、中国とロシアという二つの大国を含む六八カ国において、選挙を通じた権力交代が起きたことはない。民主主義は歴史的現象であり、特定の条件下で発展してきた。こうした条件が進展したことで民主主義は生存してきたが、それはどんな条件下でも生存できるということを意味しない。

私が思うに、二つの構造的条件に特に目を向けなければならない。一つは、民主主義が前提とするはずの政治的平等が、経済的不平等のシステムである資本主義と不安定ながらも共存すること。もうひとつは、経済的利害に基づくか否かを問わず、政治権力の純粋な追求が行われるということである。

1・2 民主主義と資本主義

民主主義と資本主義との関係については、相反する見解が併存してきた。例えば、「経済的自由」と「政治的自由」との間の当然の調和を唱える者もいる。ここでいう経済的自由とは、人々が自らの所有物と労働生産物を自由に処理できることであり、また政治的自由とは自らの意見を公にし、誰がどのようにして統治するのかを選択できることを指す。しかしこの二つの「自由」を同じものとみなすのはただの言葉遊びに過ぎない。歴史をみれば、資本主義と民主主義が共存していることに驚かなくてはならない。一握りの人間だけが生産財を独占し、市場が不平等に所得を分配する社会では、多数派支配と合わさった政治的平等は所有権を脅かすことになる。実際、一六四七年に行われたパトニー討論〔清教徒革命中に独立派と水平派による国制改革の草案が討議された〕でのヘンリー・アイアトン〔一七世紀イングランドの軍人〕の演説を筆頭に、この二つは共存できないとの見方が大半だった。一八四二年、イギリスの保守派の歴史家で政治家のトーマス・マコーリーは普通選挙が所有権に及ぼす危険性について明瞭につづっている（Macaulay 1900: 263）。

> 憲章は普通選挙権を本質としている。それを認めないのであれば、他に何を付与しようが一向に構わない。それを付与するのであれば、他に何を認めないかは大した問題ではない。認めてしまえば、我が国は滅んでしまう……私の確固たる確信は、我が国において、普通選挙権はどんな形態の政府とも相いれないばかりでなく、政府のあらゆる存在意義や所有権とも相いれず、ひいては文明と相いれないものだということだ。

その九年後、カール・マルクスが対極の政治的立場から、私的所有権と普通選挙権は相いれないものだという同様の確信を披露している（Marx 1952〔1851〕: 62）

> 憲法〔第二共和制憲法〕は、社会的隷属を永続させようとする諸階級、すなわちプロレタリアート、農民、ブルジョワジーに、普通選挙権を通じて政治権力を与える。そして、旧来の社会的権力を是認する階級であるブルジョワジーから、この権力に関する政治的保証を撤廃する。彼らの政治的支配を民主主義の条件のもとに行うことを強制し、絶えずブルジョワ社会のまさに根幹を揺る

がすのである。つまり、憲法は、一方の階級に対しては政治的解放から社会的解放には進まないことを、他方の階級に対しては社会的復古から政治的復古には戻らないことを要求しているのだ。

マルクスにとって、社会編成の在り方としての民主主義と資本主義の混合は、本質的に不安定なものだった。それは「ブルジョワ社会革命の政治的形態こそが大事であって、その生活形態の維持ではない」（1934 [1852]: 18）し、「発作的で例外的な状況であり……社会の通常の形態であり得ない」（1971 [1872]: 198）からだった。

これらの暗い予言は、現実のものとはならなかった。一部の国々――具体的には一三カ国――で民主主義と資本主義は最低でも一世紀もの間途切れることなく共存し、その他の多くの国々でも、より短かくはあっても長期にわたって共存し、そのほとんどが今日に至るまで続いている。生産資源の私的所有の廃止を目指していた労働者政党は、この目標が実現不可能であることを悟り、選挙で政権を獲得するたびに民主主義を尊重し、資本主義経済を管理するようになった。資本主義にとってやはり死活的な敵とみなされた労働組合も、要求を穏健なものとしていった。結果として生まれたのは、労働者政党と労働組合が資本主義を承諾する代わりに、ブルジョワ政党と使用者団体が一定程度までの所得の再分配を許容するという妥協だった。そして政府は、この妥協を管理するようになっていった。つまり、投資を促し、経済循環を調整する一方で、労働条件を規制し、社会保険制度を整備し、機会の均等化を試みたのである（Przeworski 1986）。

もっとも、おそらくこの妥協はもはや破綻してしまった。労働組合は労働者を組織し規律する能力の多くを失い、それとともに独占的地位を喪失した。社会主義政党は自らの階級的基盤を失い、それとともにイデオロギー的にも政策的にも特色を失った。こうした変化の最も顕著な影響は、付加価値に占める給与所得の割合の急激な低下と、さしあたりアングロサクソン諸国でみられる所得の不平等だ。成長鈍化と相まって、不平等の拡大は多くの所得停滞と所得の流動性低下をもたらしている。

民主主義と資本主義の共存は、成長か平等の向上によって幅広い国民の物質的条件が絶えず改善されることを条件とするのだろうか。歴史が示しているのは、民主主義は経済発展した国々では強固に根付いており、どんなに大規模であっても経済危機やその他の危機にも動じないということだ。しかしこうした歴史は、未来を見通すうえで信頼できる指針と言えるのだろうか。

1・3　民主主義と権力の追求

民主主義が危機に瀕する二つ目の理由は、政治的競争に内在的なものだ。あらゆる政治家の夢は権力を獲得し、それを永久に手放さないことである。競争しなければならない政党が選挙で優位になるために取り得る、あらゆることを自制するのを期待するのは無理なことだ。また現職政治家も、民衆の声から身を守るための様々な手段を有している。彼らは、議会多数派を占め、官僚機構を監督しているため、優位な立場に立つことができる。時には独立した司法の制約を受けるが、立法を掌握することで自身に都合の良い法的規制を導入できる。例えば、有権者登録や選挙制度の改変、ゲリマンダリング〔選挙区割りの恣意的変更〕などがそうである。こうした試みを裁判所やその他の独立機関が無効とすることはあるかもしれないが、そうするだけの根拠や意思を持たないこともある。例えば、選挙区の分け方はいくらでもあって、そのいずれもが選挙結果に影響するとはいえ、あからさまに不公平なわけではない。また表向きは非党派的な官僚組織の長である現職政治家は、これを党派的な目的のために利用することもできる。さらに、弾圧機関を支配することは、野党の一部ないし全部を弱体化するうえで特に重要な手段である。また、財源の便宜供与ができることも、やはり優位性を保つための資源となる。そして、他のすべてが上手くいかなくとも、選挙で不正を働くという最後の手段が残されている。

問題は、なぜ政治指導者の中にこうした手段を用いる者がいて、他方では国民に判断を委ねることに同意し、審判が下された時には政権を去ることを厭わない者がいるのかということだ。これに答えるためには、動機だけではなく、その制約条件にも目を向けなければならない。政党が高度にイデオロギー化し、本質的な争点や価値が天秤にかけられていると考える時、彼らは野党を敵とみなし、その敵が政権につくことをいかなる手段を使ってでも阻止しようとする。ポーランドの与党である「法と正義（P i S）」は、キリスト教国たる自国にとっての根本的価値が脅かされていると考え、反対勢力はみな「裏切り者」であるとみなしている。ハンガリーでは、オルバン首相が「ヨーロッパ人のためのヨーロッパであり続けることができるか」が問題だとする。それゆえに、両者ともメディアを統制し、結社の自由を制限し、国家機関を党派化し、選挙制度をいじろうとするのだ。こうした行為は、抱えている選挙上の制約を緩和し、野党の勝利をほぼ不可能にするものだ。しかし彼らは依然として、選挙という狭義の制約にとどまらない政治的な制約と対峙している。すなわちデモや政治的ストライキ、暴動といった様々な形での民衆の抵抗である。政治的対立が制度的枠組みからはみ出し、公的秩序が崩壊する恐れに直面しているのだ。このリスクが冒されるかどうかはわからないが、もしそうなれば、民主主義は危機に瀕することになる。

1・4　本書での議論

では、民主主義は現在のところ危機にあるのかどうか、あるいは少なくとも危機が差し迫っているのかどうかを判断するにはどうしたらよいのだろうか。

未来を見据え、現在の状況に潜んでいる手掛かりを見つけるためには、過去から何が学べるのかをまず確かめる必要がある。どのような状況下で、民主的制度は紛争を処理し平和裏に調整することに失敗したのか。この問いに答えるために、第Ⅰ部では、少なくとも一回は民主主義の定着をみたすべての民主主義国（選挙の結果として平和裏に二度の政権交代をみた国）の歴史的経験を概観し、民主主義が崩壊した国と、生存した国の観察可能な条件をいくつか比較する。ただこうした比較は静態的なものとならざるを得ないが、その一方でどんな状況下であれ、誰がいつ何をするかによってその帰結が大きく左右されたことは事実として指摘できる。そのうえで、四つの事例を詳しく見ていくことにする。民主主義が打倒された顕著な事例である、一九二八年から三三年までのドイツ・ワイマール共和国と一九七〇年から七三年までのチリ、そして政治的抑圧と秩序崩壊が制度的に解消された事例として一九六〇年代のフランスとアメリカを取り上げる。

もっとも、歴史が自ら声を発することはない。歴史が教える教訓は本当に信頼に値するものなのか。歴史的教訓は、現在の状況が過去のそれと似ているならばある程度信頼できるが、未曾有の状況が生じているのならば疑わしいものとなる（King and Zheng 2007）。したがって、歴史が私たちの指針になるかどうか確かめるためには、まず現在と過去の状況を比べなければならない。現在の状況は、過去に崩壊した民主主義や生存した民主主義の状況に似ているのだろうか、それとも、例をみない状況なのだろうか。現在の状況のいくつかの側面、とりわけ伝統的な政党制の急速な不安定化などは過去に類をみないものだ。また、低所得の持続、物質的進歩に関する信念の崩壊なども同様である。しかし、これらがどのような因果関係にあるのかは、不明瞭なままだ。現在の政治状況は経済動向や文化的な変容によるのか、それとも経済や社会の変化とは無関係なのか。どのレベルで原因を探るべきなのだろうか。グローバル化のような全般的な傾向によるものか、それとも例えばそれなりの給与の仕事を失うことを恐れている人々のような、特定の個人の状況によるものなのか。こうした疑問は、第Ⅱ部で検討することにしよう。

未来の展望を評価するには、民主主義が良好に機能している時、これがどのように機能するのかを把握しておく必要がある。こうした理論的側面については第Ⅲ部の冒頭で扱うことになる。これを理解できれば、民主主義が漸進的に侵食され、選挙で選ばれた政権によって破壊されるという、不気味で未知の可能性を考えることができるはずだ。何が最も起きそうなのかは判断できなくとも、少なくとも何が起きそうで、何が起きそうにないかを推測することはできる。そして、それは果たして、今ここで起きることになるのだろうか。

I　過去——民主主義の危機

歴史から何を学べるのかを知るためには、一定の時代、制度的なルールに従って機能していた民主主義の経験を検証する必要がある。ここでいう民主主義とは、選挙によって最低二回は政権交代が行われ、かつその結果が武力による抵抗を受けなかったものを指す。こうした限定を施すのは、選挙での敗北は致命的失敗ではなく、負けても再び勝利して政権を奪取することが可能であると競争する政党が理解し、そして政党を支える政治勢力が制度的枠組みの内側で努力することで、自らの利益を守ったり増大したりすることができると認識した民主主義を検証する必要があるからだ。こうした経験を持つ民主主義国の数は非常に多い。一九一八年以降、最低でも二回の政権交代のあった民主主義国は八八を数える。

このうち一三の民主主義が完全な崩壊を経験している。ただし、民主主義と非民主主義、あるいはそれらをどう呼んでも構わないのだが、この二つを分け隔てる基準は必ずしもはっきりとしているわけではないことに注意してほしい。今から三〇年前、アルヴァレズほかが各国の政治体制を民主主義と独裁に分類しようとした時でさえ、いずれかであるか判別できない国々が存在した（Alvarez et al. 1996）。ボツワナはその代表例だ。この国では、あらゆるリベラルな権利が認められているように見えるものの、常に同じ政党が選挙で三〇年もの間勝利し、今では六〇年に及ぼうとしている。こうした困難を回避するため、その後多く用いられるようになった解決策は、「混合政体《ハイブリッド・レジーム》」や「半権威主義《セミ・オーソリタリアニズム》」、あるいは「選挙権威主義」などを加えた三分法を用いることである。しかし、こうしたラベルも、どのように分類したらよいのかわからない状況があるという事実を取り繕っているに過ぎない。しかも今では、野党をある程度許容しつつも、自らが確実に選挙で勝てるように設計された体制が急速に広がりつつあり、課題はより深刻になっている。第一〇章での焦点は、民主主義が「後退」していく時に、明白な一線は存在しないということだ。例えば、ベネズエラを分類する様々なデータからわかるのは、ベネズエラがまだ民主主義国家であるかどうか、もしそうでなければいつからなのかという点について、意見の一致を見ていないことだ。結局のところ、民主主義の崩壊には、何らかの断絶を象徴する出来事によって明白な場合もあれば、緩やかなスロープを滑り落ちていく場合もあるということになる。そのため、具体的な指標を伴わないばかりか、ある体制がまだ民主主義であるのか、それとも、後戻りがもはやきかないのかについて当然意見がぶつかり合うことになる。このため、ここでは民主主義の崩壊が何らかの独立した明瞭な出来事によって生じた事例に限って検討し、民主主義の漸進的な侵食については第一〇章で扱うことにする。

マガローニ（Magaloni 2017）に倣い、民主主義の明白な死のうちでも、これが崩壊するいくつかの経路があるのを区別しておく必要がある。軍事クーデタによって崩壊することもあれば、合法的に政権を獲得した政治家が権力に対する制度的な歯止めをすべて取り除き、反対勢力を根絶やしにして崩壊することもある。クーデタ――一九七三年のチリのように民主主義の死に至るようなクーデタ――などは、わかりやすい事例だ。また、現職政治家による権力濫用も、ゆっくりと少しずつ行われるかもしれないが、多くの場合その分岐点を見極めるのは容易い。ワイマール民主主義は、一九三三年三月二三日にライヒ議会（国会）が憲法に拠らない行動を政府に対して承認したという明確な出来事によって、合法的な終焉を告げた。同じように、エストニアでは、一九三四年三月一二日にコンスタンティン・パッツ首相が戒厳令を発出して選挙実施を先送りにしたことで、民主主義の崩壊が決定的となった。

現状を分析するうえで何に着目すべきか、歴史が教えてくれるところのものを確かめるため、以下では、民主主義が生存した国と崩壊した国との観察可能な条件を比較してみることとする。とりわけ、経済的、文化的、政治的危機といった、異なる種類の危機が持った影響に焦点を当てていく。もっとも、こうした比較をしたところで、危機の偶然によるダイナミクス、つまり様々な条件下での出来事の行方を十分に解明することは難しい。そこで、民主主義が崩壊もしくは生存した有名な危機の事例をいくつか掘り下げてみることにする。最後に、もし歴史が繰り返すのだとすれば、現在の政治状況の中で何を見たらよいかを問い、教訓を探ることとしたい。

第二章　全般的なパターン

本章の目的は、民主主義が崩壊した国と生存した国の間で、何らかの観察可能な差異があったのかどうかを突き止めることにある。もちろん、このような試みをするのは私が初めてではない。この主題に関しては膨大な数の先行研究が存在し、その手法も今では洗練されたものになってきている。その結果、経済的に発展した国では民主主義が崩壊しにくいということはほぼ誰もが認めるところである。また、途上国の民主主義は、所得の不平等に対して脆弱である一方、民主主義の経験が長ければ長いほど、存続する可能性が高いということも強く実証されている。その他の要因——制度的枠組み、民族・言語的もしくは宗教的な分断、教育水準等々（挙げ出すときりがない）——の影響については、依然として論争的である。本章での分析は、ある時期に民主主義が定着した国に限定しつつ、こうした知見の一部をなぞっている。だが、ここでの私の関心の的は、経済危機、広義の政治危機、あるいは狭義の統治の危機など、異なる種類の危機がどのように影響するかにある。以下の統計分析は純粋に記述的なものであって、因果関係を推論するものではない。本書の中でこの章が果たす役割は、現在の状況にあっていかなる要因に注目すべきかについてのリストに辿り着くことだ。

定着した民主主義国が崩壊した例は表2・1の通りだ。現在も民主主義にとどまっている国の中に

［表2.1］1918年以降に最低2度の政権交代が起こり、その後崩壊した民主主義

国	2度目の政権交代年	崩壊年	政権交代回数	形態
ドイツ	1928	1933	3	上から
エストニア	1932	1934	2	上から
ギリシャ	1951	1967	2	クーデタ
チリ	1952	1973	4	クーデタ
スリランカ	1960	1977	3	上から
フィリピン	1961	1965	2	上から
ソロモン諸島	1989	2000	2	クーデタ
ペルー	1990	1990	2	合法
エクアドル	1992	2000	3	クーデタ
タイ	1996	2006	3	クーデタ
パキスタン	1997	1999	2	クーデタ
バングラデシュ	2001	2007	2	上から
ホンデュラス	2005	2009	2	クーデタ

註）二度目の政権交代の日付順。「政権交代」は民主主義が崩壊した時までの政権交代の回数。形態：憲法に則って就任した行政府の長が権力を独占した場合は「上から」、軍事クーデタで民主主義が崩壊した場合は「クーデタ」としている。また、独立した事件で特徴づけられる崩壊のみを対象としている。

【出典】体制分類に関してはBoix, Miller, and Rosato (2012)参照、形態に関しては筆者独自。

は、アフリカの四カ国（ベナン、カーボベルデ、ガーナ、モーリシャス）、中南米の一一カ国とカリブ海・太平洋の諸島国、さらにインド、インドネシア、台湾、そしてOECD（先進国経済協力機構）の全加盟国が含まれる。

民主主義が生存した国が何らかの困難に直面しなかったわけではない。民主主義が生存したいくつかの国の中には、深刻な経済危機——ここでは数年にわたって所得が最低でも一割以上低下したと定義する——に見舞われながらも、大きな政治的変動にはつながらなかった国もある。ここには、カナダ（一九三一～三三年）、アメリカ（一九三二～三四年と一九四六～四八

［表2.2］ 経済危機の発生と民主主義の生存

危機	生存	崩壊	合計	崩壊率
なし	66	10	76	1/7.6
あり	9	3	12	1/4.0
合計	75	13	88	1/6.8

註）「危機」は、一人当たりの所得が複数年連続して10%以上減少した状況を指す。各欄の項目は国数。

【出典】所得データは Maddison (2011)、体制分類は Boix, Miller, and Rosato (2012)参照。

年）、イギリス（一九四六〜四七年）、ジャマイカ（一九七六〜七八年）、コスタリカ（一九八二〜八三年）、フィンランド（一九九二〜九三年）、ベネズエラ（一九八〇〜八五年）、ウルグアイ（二〇〇一〜〇三年）が含まれる。実際、民主主義が定着した国でこのような経済危機によって崩壊した例は三件しかない。一九三三年のドイツ、二〇〇〇年のエクアドル、一九九〇年のペルーのみだ。したがって、経済危機が必然的に政治危機を生むとはいえない。リンドヴァルは、一九二九〜三二年と二〇〇八〜一一年の経済危機が選挙に与えた影響を比較して、それらが非常に類似していることを発見した（Lindvall 2014）。すなわち両期間とも、政権与党が票を失い、危機直後の選挙では右派が伸張するものの、その後の選挙では左派に票が流れることもあれば、そうでないこともあった。つまり、民主主義国が経済危機を乗り越えれば、選挙に表れる影響は短期で消え去るというわけだ。

他方、政治危機を乗り越えた民主主義国もある。表2・3でみる政治危機とは、以下のような状況を指す。すなわ

［表2.3］政治危機の発生と民主主義の生存

危機	生存	崩壊	合計	崩壊率
なし	65	8	73	1/9.1
あり	10	5	15	1/3.0
合計	75	13	88	1/6.8

註）「危機」の定義は本文参照。各欄の項目は国数。

【出典】危機は筆者独自、体制分類はBoix, Miller, and Rosato (2012)参照。

ち、誰が統治すべきかについて意見の対立があった場合や、裁判所が政権の憲法違反を認定するか、閣僚が法的に職務継続に不適格（典型的には汚職疑惑）であると認定した場合、諸機関の対立によって統治不全に陥った場合、権能を持つ機関（立法府や裁判所）の判断ではなく、民衆や軍部からの圧力による退陣や野党弾圧などが余儀なくされた場合である。なお、議会政治での長期間にわたる政権の連立交渉――現時点でその記録保持国はベルギーで、二〇一一年に組閣に三五三日間も要した――は危機に含めておらず、大統領制における弾劾に関しても、憲法規定に則って円滑に後任が任命される場合は除外してある。民主主義が定着し存続した一〇カ国でも、このような危機は発生している。時系列で並べると、一九五八年のフランス、一九七三～七四年のアメリカ、一九八三年のジャマイカ、一九九四年のドミニカ共和国、一九九七年のガイアナ、二〇〇一～〇三年のアルゼンチン、二〇〇七年のルーマニア、二〇〇四年のウクライナ、二〇〇四年のモーリシャス、二〇一四～一五年のグアテマラである。これらの危機の大半は、その後選挙によって収束した。そして、危機が憲法改正に至ったフランスを除けば、すべての事例で以前の制度的均衡が回復していることは注目に値する。しかし表2・3が示すように、こうした政治的危機は危険であり、経験した一五の民主主義国のうち五カ国で崩壊している。

では、政治的・経済的危機を経験したものを含め崩壊した民主主義と、これが機能し続けた民主主義の違いはどこにあるのだろうか。残念ながら体系的な情報が乏しいものの、いくつかのパターンが明らかに確認できる。

最も顕著なのは一人当たりの所得水準であり、これは体制移行研究者にとっての常識でもある。経済的に発展した国々では民主主義が強固であることは以前から知られてきた。プシェヴォスキとリモンジは、所得が増えるにつれて民主主義が生存する確率も急上昇していき、一九七六年時点での一人当たり所得がアルゼンチンよりも高い国で民主主義が崩壊した例はないことを突き止めている(Przeworski and Limongi 1997)。例外は、これよりも若干高い所得水準にあった二〇〇六年のタイのみである。それでも全般的な傾向は変わっておらず、表2・4が示すように、民主主義が定着した国についてもよく当てはまっている。二〇〇六年のタイよりも高い所得水準にある六九カ国の定着した民主主義国では、合計で一九五七年間にわたって民主主義が存続し、一度も崩壊を経験していない。

経済成長は、民主主義が崩壊した国では、生存した国よりもはるかに遅かった。この差は大きく、崩壊した国の経済はほぼ全面的に停滞していた。マディソンは、より以前の期間から二〇〇八年までを含む別のデータを用いて分析し、経済成長の差がさらに大きくなることを示している(Maddison 2011)。つまり、短期的な経済危機は民主主義の脅威とはならないものの、長きにわたる所得の停滞

［表2.4］　2008年以前に民主主義が崩壊した国と生存した国との相違

	生存した国		崩壊した国		比率
	N	平均値	N	平均値	
一人当たりGDP[a]	1,484	18,012	103	5,770	1.00
経済成長率[a]	1,471	0.031	103	0.011	1.00
労働分配率[a]	1,397	0.60	96	0.50	1.00
ジニ総所得[b]	1,148	42.6	64	44.6	1.00
ジニ純所得[a]	1,148	33.8	64	44.6	1.00
政治体制[c]	1,739	0.55	124	1.18	1.00
政権危機[d]	1,689	0.17	140	0.44	1.00
暴動[d]	1,689	0.53	140	0.73	0.89
ストライキ[d]	1,689	0.13	140	0.26	0.99
デモ[d]	1,689	0.64	140	0.63	0.49

註）各欄の項目は、年間観察数（2014年まで）と各変数の平均値。

(a) PWT9.0より。

(b) 総所得と純所得のジニ係数、SWIID (2014) より。

(c) 政治体制が議会制なら0、混合制なら1、大統領制なら2。Cheibub, Gandhi, and Vreeland (2010) より。

(d) CNTSDA, Wilson (2017)より。

(e) 平均値の差が偶然でない確率。不等分散を用いたt-testに基づく。

が崩壊につながる可能性があるわけだ。

観察される事例は少ないものの、崩壊した民主主義では所得分配が不平等だったという傾向がある。専門用語を使えば、崩壊した民主主義国では労働分配率が低かった、ということになる。総所得（市場価格・再分配前）のジニ係数は崩壊した民主主義国のほうが高く、純所得（再分配後）の所得不平等も高かった。こうした指数の比較からは、生存した民主主義国では所得が一定程度再分配されていた一方で、崩壊した国ではされていなかったことがわかる。

経済以外の側面に目を向けると、民主主義システム内での制度的な違いが目に付く。すなわち、議会制、混合制（半大統領制）、大統領制民主主義の違いだ。ここでは、大統領制の脆さが明白である。民主主義が定着した四四の議会制のうち崩壊したのは六つ、すなわち七・三分の一の確率となる。一六の混合制（半大統領制）のうち崩壊したのは一つ、そして二六の大統領制のうち崩壊したのは六つ、三・七分の一の確率だ。こうした差異は、制度そのものに起因するとは限らない。シェイバブは、大統領制の民主主義が、文民独裁ではなく軍部独裁を継承した場合に脆弱であると指摘する（Cheibub 2007：第六章）。しかし、中南米諸国における軍部の伝統的役割に鑑みれば、大統領制はとりわけ統治の危機に際して脆弱だった。議会制と大統領制の大きな違いは、前者には危機に対処できず支持を失った政権を置き換えるためのメカニズム、すなわち内閣不信任決議が組み込まれていることにある。反対に大統領制では、行政府の長は任期付きで選出され、せいぜい議会承認を経る程度でもって閣僚を自ら任命することができる。違法行為にでも手を染めない限り、たとえ支持率が一桁台に落ち込み、議会の支持が得られなくなっても、統治する能力に関係なく大統領の座にとどまり続けることができる。

また、崩壊した民主主義では、政権危機の頻度が圧倒的に高いことも特徴である。ただ、この数字は額面通りに受け取るべきではない。というのも、論拠となっている「クロス＝ナショナル・タイム＝シリーズ・データアーカイヴ（CNTSDA）」（Wilson 2017）では、「主たる政権危機」の定義が曖昧で、かつデータの信頼性が低い恐れがあるとされているためだ。とはいえ、政権危機により崩壊した民主主義における制度設計別の割合を確認すれば、大統領制は一旦危機が勃発すると非常に脆いことが見

［表2.5］ 政権危機件数と制度設計から推定される民主主義の崩壊確率

危機 a	議院内閣制	大統領制	合計
0	0.030 (1,213)	0.097 (496)	0.048 (2,184)
1	0.045 (157)	0.320 (37)	0.087 (242)
2	0.120 (33)	0.333 (9)	0.158 (57)
>2	0.000 (7)	0.430 (7)	0.221 (23)
合計	0.034 (1,410)	0.120 (549)	0.057 (2,478)
確率 b	0.115	0.000	0.000
統計量	0.154	0.092	0.081

註）各欄の項目は、危機件数に応じた民主主義の崩壊確率。括弧内は観察数。
(a) 特定の年における危機件数。
(b) 下段の統計量（Gamma）の値が閾値（統計的に有意差を示す値）よりも大きな値をとる確率。

【出典】危機に関しては筆者独自、制度に関しては Cheibub, Gandhi, and Vreeland (2010)、体制分類に関しては Boix, Miller, and Rosato (2012)参照。

て取れる。表2・5は、こうした危機の影響が議会制では統計的に有意でない一方、直接選出の大統領制では有意であることがわかる。

表2・4で見て取れる傾向の中で不可解なのは、政府に対する民衆の抗議運動の形態に違いがあることだ。ここでもデータを鵜呑みにするわけにはいかないものの、崩壊した民主主義ではゼネストや暴動の頻度が高かった一方、反政府デモの頻度は変わらなかった点は驚きだ。ただし留意すべきは、大勢の民衆が街頭に繰り出すだけでは、それが危機を意味するとは限らないということである。一部の民主主義国では平和的なデモが民主政治の標準的な手段となっており、政権の政策への賛否にかかわらず、ある争点について強い関心を持っている人々がい

ることを政権に知らしめるための日常的な手段として用いられている。街頭に民衆が繰り出す頻度は、民主主義国の中でも大きな差がある。フランスでは日常茶飯事だが、ノルウェーでは極めて稀であり、アルゼンチンでは頻繁に行われるが、コスタリカでは珍しい。こうした違いは、おそらくその国の政治文化を反映している。いずれにせよ統計上のパターンが示しているのは、民主主義国にあっては反政府デモを行うことは日常生活の一コマに過ぎないということだ。もっとも、後ほど詳述するように、注意すべき点は明瞭だ。それは、デモが物理的暴力にエスカレートしない限りにおいて、という限定だ。

最後に、ここまで検討してこなかった重要な要素として挙げられるのは、過去の民主主義の経験だ。コーネルほかは、戦間期における民主主義の崩壊と現在の状況を類比する見方に警鐘を鳴らしている(Cornell, Møller, and Skaaning 2017)。最も注目すべきは、戦間期の混乱にもかかわらず、第一次世界大戦以前には、最低でも一〇年以上民主主義が存続していた一二カ国のいずれでもこれは崩壊せず、反対に大戦前後に民主主義が生まれた一五カ国のうち一二カ国で戦間期に崩壊の憂き目にあった、という点だ。また、プシェヴォスキはより一般的に、ある国が選挙を通じた平和的な政権交代を経験すればするほど、民主主義が崩壊する確率が急激に低下することを明らかにしている(Przeworski 2015)。民主主義の定着をみた八八カ国のうち、政権交代が三回以下しかなかった国で民主主義が崩壊したのは一割、政権交代が四回に達した国で崩壊したのはチリの一カ国だけだった。[1]

以上のパターンを総合すると、民主主義が崩壊した国と生存した国との比較から引き出せる教訓は次のようになる。まず、経済が重要な意味合いを持つ。民主主義が定着した時点での所得とその後の経済成長は、明確に異なる帰結をもたらす。職業や家計レベルでの不平等も重要な点である。また、大統領制は政権危機に極めて脆弱であり、崩壊しやすい。そして、暴動とストライキは民主主義を弱体化させるが、反政府デモに関しては暴力的でない限り、そのような恐れはないと言える。

第三章　崩壊と生存の歴史

第二章での比較は静態的なもので、民主主義が生存した国と崩壊した国の平均的状況の要約に過ぎない。しかし、歴史とは偶発的な出来事の連続として紐解かれるものであって、現に存在する条件によって一意に定まるわけではない。つまり、起きたことのすべてが、起こるべくして起こるのではない。こうした偶発的なダイナミクスを把握するために、以下では四つの歴史を取り上げよう。すなわち、ワイマール共和国とチリでの民主主義崩壊の事例と、アメリカとフランスにおいて政治危機が制度的に解決された事例である。ドイツの例――政治家が憲法規定に則って職位につき、職にあるまま憲法規定に沿って権力を濫用した事例――を選んだのは、ワイマール民主主義の崩壊が、現代でも広く教訓として捉えられているからだ。また、チリを取り上げるのは、資本主義を守るために軍部が介入して、クーデタを起こす典型的な事例だったからだ。対して、アメリカとフランスの政治危機は、対外戦争をめぐる激しい対立と国内を二分する問題とが合わさって発生した点で共通している。ニクソン政権下のアメリカでは現職大統領による権力濫用が、一九五〇年代末のフランスでは軍部のクーデタが脅威となった点で、それぞれドイツとチリの事例とも対応している。さらに、両国の危機はいずれも制度的に解決されたが、その道筋は対照的だった。アメリカでは既存の制度によって危機が克服され、変更を被らなかったのに対し、フランスでは解決にあたって対立が生じ、大きな制度的変更を伴うものだったからだ。

以下では、それぞれの国の民主主義の命運を決めた過去の歴史を紹介した後、先に指摘した危機の構造的分析に進むこととする。つまり民主主義を脅威に晒した「(諸々の）惨事」を特定したうえで、民主主義が弱体化していった証拠を探り、危機がいかに帰結したのかを確認する。これらの国が経験した出来事については、すでに多くの研究があるため、以下のそれぞれの歴史を扱う箇所では多くの複雑な事柄を抽象化している。さらにこうした激動の歴史は、当時だけでなく、今日に至るまで時に激しく党派性を帯びるような政治的論争を巻き起こしている。ここでの専らの目的は、現在の政治状況を理解するための教訓を探ることにあるから、勢い、叙述は部分的かつ概略的なものとなる。私が理解したいのは、危機がどのように起こり、そしてそれが武力ないし制度を通じてどのように解決されたのか、ということにあるからだ。

3・1　ドイツ、一九一八～一九三三年

一　〔ドイツの〕民主主義

〔ドイツの〕民主主義、正確にいえば「共和国」は、王制廃止を求める外部からの圧力に対するその

場しのぎの解決策に過ぎず、当初から一部の政治勢力は暫定的なものとみなしていた。一九一九年の選挙では、社民党（ＳＰＤ）とカトリック中央党（Ｚ）、そしてドイツ人民党（ＤＤＰ）からなる「ワイマール連合」は、あわせて七六％を得票し、有権者から支持されていた。しかし、右派の中には王党派ないし権威主義派がいて共和制を否定していたし、極左の側ではまず独立社会民主党（ＵＳＰＤ）、後には共産党（ＫＰＤ）が、必要であれば武力を使ってでも社会主義革命を貫徹することを掲げていた。

それでもドイツの政府は、一九三〇年までは選挙の結果として樹立されていた。最初の政権交代は、一九二〇年に中央党の首相コンスタンティン・フェーレンバッハ率いる内閣から、ＳＰＤが連立離脱を余儀なくされた時に起きた。二度目の政権交代は、一九二八年のヘルマン・ミュラー政権誕生とともにＳＰＤが政権に復帰した時である（中央党はこの政権にも参加した）。

二　〔ドイツ民主主義への〕脅威

ワイマール共和国は、第一次世界大戦でのドイツ帝国の敗北という惨事から生まれた。共和国の歴史は一貫して戦後和解――一九一八年一一月の講和条約と一九一九年のヴェルサイユ条約（立憲君主政の廃止、領土の割譲、オーストリアとの統一や再軍備の禁止、補償金）で課された条項――をめぐって深い分断を抱え続けていた。

経済危機も二度にわたってドイツを襲った。ただ、所得の不平等はさほど大きいものではなく、ユングによれば当時のジニ係数は〇・三三程度であり（Jung 2011: 31）、また高所得者に関するデータから推測しても〇・三六程度だった（Atkinson, Piketty, and Saenz 2011）。それでも、ワイマール共和国の歴史は二度の大きな経済危機によって幕を下ろした。それが一九二三年のハイパーインフレと一九二九年の大恐慌による失業である。ハイパーインフレは所得を預金者から債務者へと再分配する効果を持ち、平均所得を一七・四％引き下げた。失業率は、一九二五年の三％から一九三〇年代半ばには一二％、一九三二年には二五％を記録して、同年の第一四半期の民間就業者は、一九二八年の二〇〇〇万人から一三〇〇万人へと落ち込んだ（Dimsdale, Horsewood, and Van Riel 2004：図1）。一人当たりの所得も、一九二八年から三二年にかけて一八・九％減少した。二度の経済危機は、賠償金の支払いをめぐる論争を呼び起こし、特に失業補償をめぐる経済政策上の対立を激化させることになった。

つまりドイツ社会は、民主主義と資本主義について激しく分極化していたのだ。ナショナリスティックな右派は、敗戦は戦場での敗北ではなく、社会主義者と民主主義者による裏切り、すなわち「背後の一突き」によってもたらされたという持論を展開した。講和条件を呑んだ政党は「一一月の犯罪者」〔休戦協定は一八年一一月に締結〕呼ばわりされた。ナチ党に限らず、反民主主義的な思想が戦間期を通じて根強く残っていた（Sontheimer 1966）。共産党も一九二八年までは純粋な暴動戦略と選挙戦略との間で揺れ動いていたが、コミンテルンの指導のもと、経済危機が共産主義革命へと大衆を動員することを期待して「階級対階級」路線を採用した（Flechtheim 1966）。甚だしい分極化をみたこの時代の目撃者は、耳にしたのは「万歳」か「……に死を」という叫びかのどちらかだけだったと証言する（Haffner 2002 :57）。

歴代の政権は不安定で、しばしば統治不能に陥った。政治的な対立構造と制度システム――何よりもその選挙制度――から、統治するのに充分に同質的な多数派を形成するのは不可能に近かった。ドイツの選挙制度は、阻止条項のない比例代表制であり、これが議会であるライヒ議会の止めどない多党化をもたらしていた。ワイマール連合が勝利した一九一九年の選挙で議会の有効政党数は四・一だったのが、一九二〇年に六・四、一九二四年の最初の選挙後では七・四、二回目の選挙後では六・二、一九二八年にも六・二、一九三〇年には七・一となった。そしてナチ党が第一党となった一九三二年の最初の選挙では四・三、二回目の選挙では四・八を数えた。競合する政党数も増加する一方だった。一九一九年に一八だったのが一九二〇年に二六、一九二四年五月に二九、同年一二月に二八、一九二八年に四一、一九三〇年に三七、一九三二年七月に六二、一九三二年一一月には六一を記録した。それでもSPDは一九三二年まで第一党の座にとどまり続けた。ドイツ国家人民党（DNVP）は一九三〇年にナチ党と共産党に抜かれるまで第二党か第三党の地位にあった。中央党は、常に第三党か第四党だった。ドイツ民主党（DDP、一九三〇年に国家民主党に改称）とドイツ人民党（DVP）も、ナチ党と共産党の躍進により一九三〇年までに弱体化した。さらにバイエルン人民党（BVP、中央党のバイエルン地域政党）がこうした変化とは無縁で、全期間を通じて約二十議席を確保し続けた。つまり、少なくとも一九三〇年までは議席の構成はとりたてて不安定なわけではなかったのだ。不安定だったのは、連立政権の側だった。一九一九年二月一一日から、ヒトラーが首相となる一九三三年一月三〇日までに、二二の内閣が誕生し、その平均在任期間は二四三日でしかなかった。最も短命に終わったのは一九二三年の第二次シュトレーゼマン内閣であり、最長は一九二八年選挙後に生まれたミュラー大連合政権だった。

レプシウスは、これらの政党を資本主義対社会主義および権威主義対民主主義という二つの次元で分類している（Lepsius 1978: 41）。この分類で最も民主的なのはＳＰＤとＤＤＰで、これに中央党とバイエルン人民党がすぐに続き、少し離れてＤＶＰ、ＤＮＶＰと共産党、そしてＮＳＤＡＰ（国民社会主義ドイツ労働者党、ナチ党）が来る。また社会主義的なのは、共産党、ＳＰＤ、中間にＤＤＰ、中央党とバイエルン人民党、ＮＳＤＡＰが位置し、ＤＮＶＰ、最後にＤＶＰが来る。ＳＰＤは明瞭に民主主義を標榜しており、経済政策においては左派的立場を採っていた。一九二五年のハイデルベルク綱領では、生産手段の社会化が謳われ、与党時には労働者の権利の保障やその他の様々な社会政策が推進された。中央党とＤＤＰの経済政策は多様で、後者は徹底して民主的だったが、前者は内部に王党派を抱えていた。また、そのバイエルン支部であるバイエルン人民党はさらに保守的で、王党派で占められていた。ＤＶＰは国家主義的で、財政政策では緊縮派であり、民主主義については冷淡だった。ＤＮＶＰも国家主義的だったが、経済政策ではＤＶＰよりも右派的であり、反共和派で親王政派だった。なお一九三〇年には中央党、ＤＶＰ、ＤＮＶＰともに右派に陣取るようになっていた。連立政権に加わることがなかったのは共産党とＮＳＤＡＰの二党のみだった。

図３・１は、この時代の政策空間がどのように形成されていたのかを示すものだ。マッピングが正しければ、ＤＤＰが加わらなかった第四次マルクス内閣（一九二七年一月二七日〜二八年六月二八日）とＤＶＰが加わらなかった第二次ブリューニング内閣（一九三〇年九月一五日〜一九三二年六月一日）を除き、ほぼすべての政権がイデオロギー的に隣接していたことがわかる。ＳＰＤ、中央党、ＤＤＰによ

［図 3.1］ 政党の推定位置

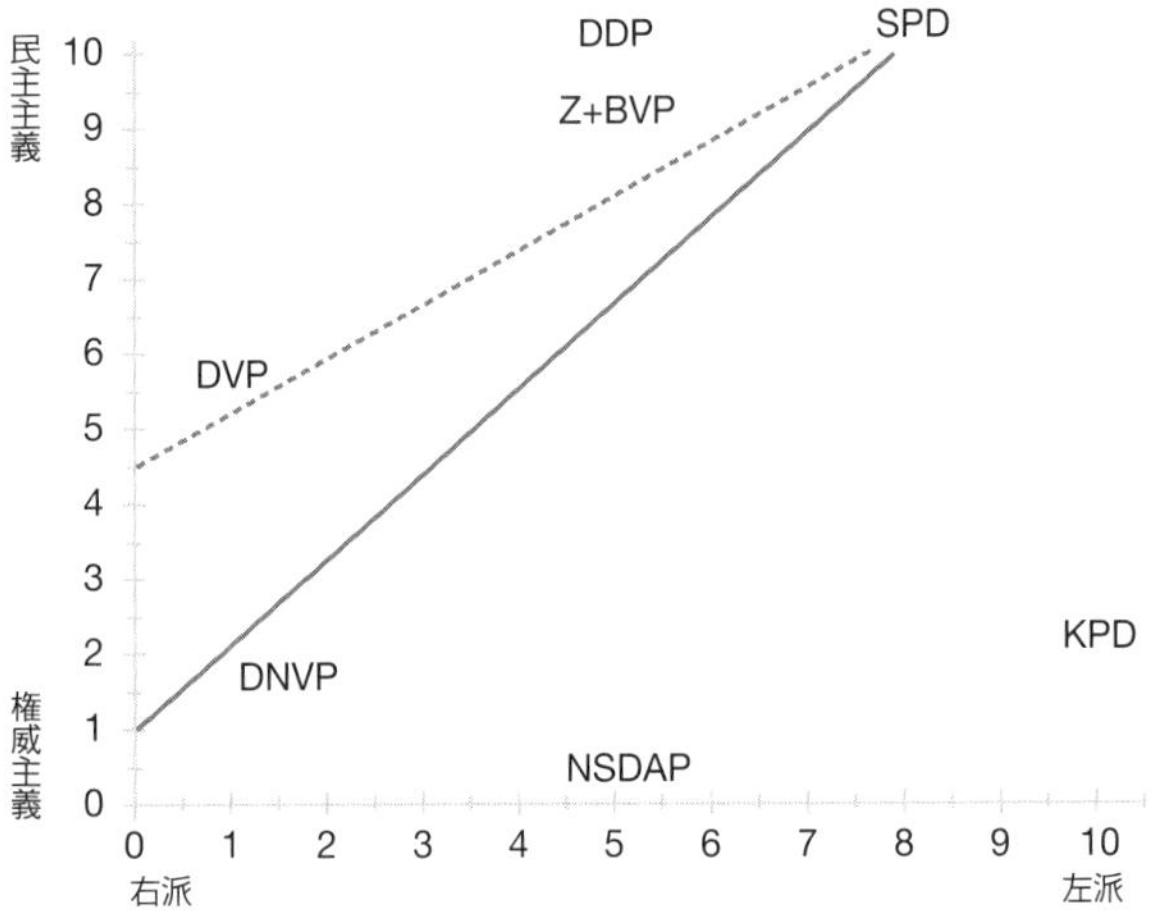

政党：ドイツ社会民主党（SPD）、カトリック中央党（Z）、ドイツ民主党（DDP、1930年に国家民主党〈DS+P〉に改称）、ドイツ人民党（DVP）、バイエルン人民党（BVP）、ドイツ国家人民党（DNVP）、国民社会主義ドイツ労働者党（NSDAP、ナチ党）、ドイツ共産党（KPD）

る中道左派連立政権は一九二〇年以降に単独では一度として多数派になれず、これは中央党、ＤＤＰ、ＤＶＰ（加えてバイエルン人民党もしばしば参加した）による中道右派連立政権も同じだった。連立政権が多数派となり得るためには、ＳＰＤとＤＶＰの二党、もしくは中央党とＤＤＰにＤＮＶＰを加えた三党が含まれなければならなかった。このうち前者が実現したのは二度、第一次シュトレーゼマン内閣（一九二三年八月一三日～一一月三日）と第二次ミュラー内閣（一九二八年六月二八日～三〇年三月二九日）においてだったが、いずれもＳＰＤとＤＶＰが経済政策で一致を見なかった。後者は第一次ルター内閣（一九二五年一月一五日～

二五年一〇月二六日）で一度は実現したが、この時はロカルノ条約に反対してＤＮＶＰが離脱した。つまり、経済政策をめぐってはＳＰＤとＤＶＰとの間、ナショナリズムをめぐっては中央党とＤＮＶＰとの間の政策距離がそれぞれあまりに大きく、いずれの連立政権も任期を全うするには脆弱に過ぎたのである。

政党自体も、同質的で規律ある存在とは言えなかった。首相が連立政権を維持しようと政策的な妥協を試みても、自党からの支持を得られないことも珍しくなかった。こうした状況は、レプシウスが以下のように的確に描写している（Lepsius 1978: 44, Carr 1969: 336 も参照）。「政権の一体性は、党内で影響力を行使し、問題が起こるたびに政権を許容するよう説得できる、少数の人物たちの協力のもとに保たれていた……政権はライヒ大統領の大権に一層依存するようになり、議会が分極化する中で自らを独立した機関のごとくみなし、絶えざる危機管理によって統治を続けなければならないと考えるようになった」。

三　崩壊の予兆[1]

ドイツの民主主義は、第一次世界大戦の暴力から生まれたが、それ自体も暴力的だった。当初から「政党は、武装して制服を纏った民兵組織と結びついていた。彼らの任務は、集会の警護や、街頭で軍隊式行進をして市民に印象づけること、さらには他政党の民兵を威嚇し、暴行を加え、時に殺害することにあった。政治家と民兵組織の関係は往々にして緊張に満ちており、後者は多かれ少なかれ自律していたが、それでもその政治色は大抵十分に鮮明だった」(Evans 2003: KL 1707-11)。政治的動機に基づく暗殺も珍しくなく、一五六人もの民主的政治家が右派の民兵組織によって殺害されている。政治的暴力は一九二三年に最多を数え、ハンブルクでは不発に終わった共産主義者の蜂起に対して過酷な弾圧が行われ、ミュンヘンでは敵対する政治集団による銃撃戦が発生し、ラインラントではフランスの支援を受けた分離独立派が武力衝突を起こした。一九二四年～二八年には比較的秩序ある平穏な時期が訪れたものの、一九二九年～三〇年の経済危機とそれに続くナチ突撃隊の台頭によって社会の平穏は再び崩れ去った。W・カーは「一九三一年末までに、ドイツ政治の重心はライヒ議会と首相官邸から街頭へと急速に移り変わっていった」と書いている(Carr 1969: 351)。エヴァンズは以下のようにも指摘している(Evans 2003, KL 5211-16)。

ナチス側の死者は一九三〇年には一七人だったが、一九三一年には四二人、一九三二年には八四人と飛躍的に増加した。一九三二年にも、敵との衝突で一万人近くの一般党員が負傷させられたと主張している。共産党側ではナチスとの戦闘で一九三〇年には四四人、一九三一年には五二人、一九三二年には最初の半年だけで七五人が死亡したと報告されている。また一九二九年から三三年にかけては、ナチスとの市街戦における国旗団〔SPDを中心とした準軍事組織〕の死者が五十人以上を数えた。公的資料もこうした数字を裏付けており、ライヒ議会のある推計では一九三一年三月までの一年間の死者は三百人を超えるとされ、これには誰も異議を唱えていない。

［図3.2］　ドイツにおける騒擾発生件数、1919-33年

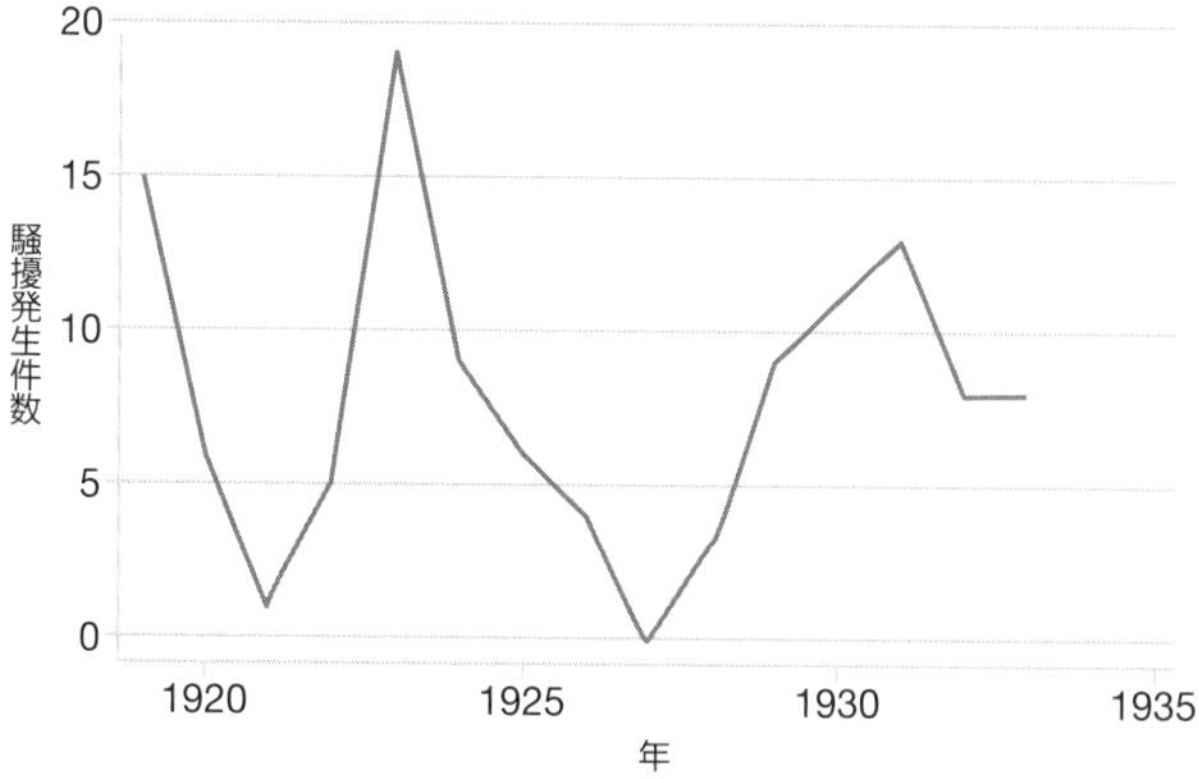

この概要を「騒擾（unrest）」の年間発生件数で示したのが図3・2だ。なお繰り返しになるが、この数字は各年における暴動、暗殺、ゼネスト、反政府デモの総計である。

一九一九年時点で得票の上位四党を占めていた伝統的な政党の得票率は、当初の合計八五・七%から一九二四年の最初の選挙では六八・三%、一九二八年では六五・二%、一九三〇年では五一・六%、一九三〇年の最初の選挙では四一・一%と、時が経つにつれて急降下していった。投票率も一九一九年の八三%から、一九二八年には七五・六%に低下している。カーによれば「政党政治への関心は薄れ続けていた……政党政治——多くの者は「ザ・システム」と呼び始めた——は明らかに不信の対象となっていった」（Carr 1969: 337）。しかし、経済危機による対立が激化し、ナチスがそれまでの棄権者を引き付けたこともあり、一九三〇年選挙での投票率は八二%へと上昇した。投票者数は一九二八年に三一二〇万人から一九三〇年に

は三五二〇万人に増加し、ナチ党の得票数は八一万票から六三八万票へと激増した。キングほかの研究によれば、ナチ党の主な支持基盤は様々な自営業者であり、失業者は共産党を支持する傾向にあったという（King et al. 2008)。

ワイマール時代の経済・文化・政治における極度の不安定さから、多くの人々が多種多様な幻想を抱くようになった。なかには、カッテージ・チーズを塗れば病気が治る、卑金属から黄金が作れる、といったものもあった。ある証言者が述べているように、「ドイツ敗戦のショック、インフレ、経済安定に伴う成金ブーム、外貨の流入、「内外の敵」に対する地下活動のうねり。これらすべてが入り混じって、伝道師やヤブ医者、詐欺師といった者たちにお誂え向きの、非現実的な雰囲気が作り上げられていた」(Delmer 1972 :95) のである。一九三〇年までは、ヒトラーもこうした時代に生きる一人に過ぎなかった。

四　結果

結末はよく知られているため、詳細を記す必要はないだろう。それでも、ヒトラーの権力掌握と続く民主主義の崩壊について二点強調しておく必要がある。第一の特徴は、彼が「ワイマール憲法における権威主義の空隙」(Bracher 1966: 119) を突いて権力の座を合法的に射止めたということだ。憲法第四八条は、大統領令で政府に統治権限を与えることを認めていた。経済危機に連立政権が対応できず、SPDのミュラー首相率いる内閣が辞職した一九三〇年の冬、ヒンデンブルク大統領はこの非常大権を発動した。ヒンデンブルクはハインリッヒ・ブリューニングを首相に任命し、新内閣は非常大権に頼ることができると言明した。そして、一九三〇年七月にブリューニングが議会多数派の説得に失敗すると、大統領令によって予算を成立させた。これ以降のいずれの内閣――ブリューニングとそれに続くパーペンとシュライヒャー内閣――も、ライヒ議会の多数派の支持なしに統治することになる。議会は存在理由を失い、そもそも招集されることもほぼなくなった。エヴァンズによれば、「一九二〇年から三〇年まで、ライヒ議会は平均して年間百日ほど開会されていた。それが、一九三〇年一〇月から三一年三月までは五〇日となり、その後一九三二年七月の選挙までは二四日間しか開かれなかった。一九三二年七月から一九三三年二月の半年で開会されたのは、わずか三日間だけだった」(Evans 2003: KL 5328-30)。そして、一九三三年一月三〇日に首相に任命されたヒトラーは、三人の前任者と同じ権能を有していたのだ。一九三三年三月二三日、ライヒ議会で「民族と帝国の困難を除去するための法律〔全権委任法〕」が憲法で定められた三分の二の賛成多数で可決され、憲法から逸脱した大統領令を発することが可能となった。こうして、彼は独裁的権力を手中に収めた。共産党議員は出席を禁じられ、一部のＳＰＤ議員は脅迫を受けて出席できなかったため、ヒトラーは必要な多数の賛同を得られるか依然として懸念していたが、中央党からの賛成票を得た時これに達した(Ermakoff 2008)。つまり、純粋に法的な観点からみれば、ワイマール憲法を葬る最後の一撃は合憲的に下されたのだ。

この出来事の第二の特徴は、誰一人として――ヒトラーを政権に引き入れた者、その反対者、あるいはもしかしたらヒトラー自身すらも――彼が権力を独占し、掌握するなどとは予期していなかったことだ。ナチ党の一九三〇年の選挙での躍進は一時的なものに過ぎず、一九三二年の二回目の選挙での後退は衰退の前触れであるとの見方が一般的だった。同年の地方選で敗北した際、有名なリベラル派の新聞は「民主主義国家に対する国家社会主義による強力な攻撃は斥けられた」（フランクフルター紙、Turner 1985: 313 からの引用）と宣言した。さらに一九三二年後半になると、ナチスは深刻な資金難に陥り、ヒトラー自身も首相となることに悲観的になっていた。一九三二年にシュライヒャーがブリューニングを蹴落とすためにヒトラーと融和を図ると決めた際、彼は「それ〔ナチ党〕を巧みな政治工作によって手懐け利用できる、健全なナショナリスト運動だと思い込んでいた」（Carr 1969: 352）。ヒトラーが首相となった際も、内閣のナチス出身者は三名のみで、その他の八人は非ナチ保守政治家だった。デルマーによれば、「ヒトラーは首相となったが、手錠をかけられた首相であって、パーペンとフーゲンベルク、ヒンデンブルクの囚人に過ぎない」というのが一般的な認識だったという（Delmer 1972: 117）。パーペンは「二カ月もしないうちにヒトラーを窮地に立たせ、奴に悲鳴を上げさせてやる」と公言していた（Bracher1966: 120 の引用）。

ドイツで起こった出来事のこの二つの特徴は、民主主義の危機を考えるうえで示唆するところが多い。まず、特定の制度設計が決定的なものとなるという点だ。比例代表制が実効的に統治できる政権の形成を困難にした一方で、憲法規定上の非常大権は権威主義への合憲的な転落を許した。次に、この出来事の最終的な結果は予測されていなかったし、これに関わった人々も予想だにしていなかったということだ。複雑な対立において、偶発性とそれに伴う不確実性は付き物なのだ。

3・2　チリ、一九七〇〜七三年

一　〔チリの〕民主主義

一九七三年に終わりを迎えるチリの民主主義の時代は、一九三八年に急進党のペドロ・アギレ・セルーダが大統領に選出された時から始まった。共産党は一九四六年にガブリエル・ゴンサレス・ビデラ大統領によって非合法化されたが、その六年後に今度はカルロス・イバニェス・デル・カンポ大統領によって再び認められるところとなった。一九五二年、五八年、六二年には、大統領の党派交代が起きた。一九五八年の大統領選の勝者であるホルヘ・アレッサンドリ〔・ロドリゲス〕の得票率は三一・六％に過ぎなかったが、次点のサルバドール・アジェンデ候補が認めたことでその勝利が確定した。つまり、選挙結果を尊重することがしっかりと定着していたのである。

二　〔チリ民主主義への〕脅威

しかし一九六〇年代半ばに至って、チリは経済的に激しく分断され、資本主義と社会主義のイデオロギー対立も深刻になっていた。階級構造に基づく政治対立も根深いものがあった。一九五八年に「金持ち」の九三％が右派候補のアレッサンドリに投票する一方、労働者層の七三％がアジェンデ候補に投票した（Protho and Chapro 1976: 73）。他方で、ナヴィアとオソルノは、階級によらない純粋にイデオロギー的な対立があったことも主張している（Navia and Osorno 2017）。このイデオロギーの重要性は、プロスロとシャプロも強調しており、一九六四年選挙において、調査回答者の五九％がアジェンデを支持ないし反対する理由にイデオロギー的なものを挙げており、当選した対立候補のエドゥアルド・フレイ［・モンタルバ］の側でも同様の回答が四五％に上ったという（Prothro and Chaparro 1976: 87）。この数字は傍証でしかないが、こうした対立が社会構造に深く根を下ろしていたのは間違いない。あるブルジョワの父親が娘を勘当したのは妊娠したからではなく、彼女がアジェンデ政権を支持したから、という噂話が首都サンティアゴで流れたほどだ。

チリでは所得不平等が伝統的に高かった。世界所得格差データベース（UNU-WIDER2014）によれば、一次所得におけるジニ係数は一九六四年の四六・二から一九六八年には五〇・三となり、この時代には例外的に大きい数値を記録している（標準化世界所得格差データベース［SWIID］によると五〇・五）。特に労働分配率（ペン・ワールド・テーブル九・〇版による）も四五％と非常に低かった。ランブレヒトによると、所得上位一〇％が全所得の四〇・二三％を占め、下位一〇％のそれは一・四五％でしかなかった（Lambrecht 2011）。上位五〇％は国民所得の八三％を独占し、下位五〇％は一七％でしかなかった。産業別にみると、農業部門雇用者の八〇・四％は下位五〇％に位置し、他方で工業部門の四一・七％、サービス部門の四〇・九％が相当した。職業別では、製造業労働者の七二％が所得中央値に届かず、ホワイトカラーの八九％は中央値より高く、自営業はどちらもほぼ同じ割合だった。都市と農村の隔たりに加え、産業の間でも大きな不平等があった。銅鉱業と製造業従事者の暮らし向きは、新たにできつつあったサンティアゴのスラム（その成長の早さから人々は「キノコ」と呼んだ）で暮らす経済困窮層よりもはるかに恵まれていた。こうした極度の不平等の原因は、チリ経済――製造業、金融業、農業――の寡占状態にあった。一九六六年には企業一四四社が製造部門の五〇％を保持し、三つの銀行が預金の四四・五％と収益の五五・一％を占め、土地所有者の九・七％が耕作地の八六％を所有していた。

統治の危機は、やがて大統領と議会との完全な膠着状態という形で生じ、徐々に高まっていった。一九七〇年九月四日の大統領選では、左派がサルバドール・アジェンデ医師の支持でまとまり、これに対して右派代表として国民党のアルトゥーロ・アレッサンドリが、キリスト教民主党からはラドミロ・トミックが候補者となった。結果は、アジェンデの得票率が三六・一％、アレッサンドリが三五％、トミックが二八％と僅差に終わった。過半数に達した候補がいなかったため、決着は議会に託されることになった。アジェンデ当選を阻止するため、アレッサンドリ支持者の中には、彼に投票すれば当人はすぐに辞任し、前任者フレイが再出馬して当選することを約束する、とキリスト教民主党員に取引をもちかける者もいた。しかし当のフレイがこれを拒んだため、取引は成立しなかった。アレッサンドリ本人は自党議員にアジェンデへの投票を呼びかけたものの、執行部はこれを拒否して、結局議員から三五票が投じられた。一〇月二四日、アジェンデは左派議員票七八票とキリスト教民主党議員の七四票を得て選出され、一一月三日に大統領に就任した。

アジェンデは、七政党からなる連合である「人民連合」の首班として僅差で勝利を収めた。連合は、一九七一年六月に分裂する急進党に代表される中道左派、遠大な綱領を掲げながらも戦略上は柔軟で規律のとれた共産党（Corvalan 2003）、アジェンデ自身の率いる社会党のほか、主に知識人からなるいくつかの小政党から構成されていた（左派との分裂についてはYochelevzky, 2002：第二章を参照）。サンティアゴのスラムから生まれた院外の極左政党である革命的左翼運動（ＭＩＲ）は参加を見送った。こうしてアジェンデ内閣は、社会党から四名、共産党から三名、急進党から三名、社民党から二名、小政党から二名、そして経済相に任命される無所属一名から構成された。

新大統領は、一九六九年に改選された、キリスト教民主党五六議席、国民党三四議席、共産党二二議席、急進党二四議席、社会党一五議席からなる総計一五一議席の下院と対峙することになった。上院の構成も同様だったため、連立内閣は上下両院で少数派となり、キリスト教民主党がキャスティングボートを握ることになった。

統治にあたって、アジェンデはキリスト教民主党との間で、連立与党に受け入れられるような妥協点を見つけなくてはならなかったが、そのような案は見つかりそうになかった。そもそも彼は自党さえ統御できておらず、指名候補者としても、棄権一四票に対し賛成一三票しか得られてなかったのである。根深い対立を抱えていた社会党は、アニセト・ロドリゲスに代わってカルロス・アルタミラノが書記長に就任すると、一九七一年一月に革命路線へと急転換した。アルタミラノは「社会主義への平和な道」の可能性について書き下ろし、ブルジョワは武力によってその地位を防衛するであろうから、社会主義は労働者階級の武力闘争によってしか実現しえないと考えていた（一九七一年一月にラ・セレナで採択された社会党決議、Altamirano 1979: 19）。

「人民連合」の公約は、当面の景気刺激策だった再分配政策に加えて、前政権から引き継いだ小作農に対する土地分配の継続と銅鉱の国有化の完了、さらには硝石鉱山、銀行ならびに一部大企業の国有化も掲げていた（ODEPLAN 1971 参照）。うち農地改革は、一九六九年にエドゥアルド・フレイ政権のもとで成立した法律により、すでに可能になっていた。銅鉱国有化は議会の全会一致で可決されたものの、その他の鉱山や銀行は、アメリカや自国の所有者の反対を押し切って、立法なしに漸進的に国有化されていった。しかし、企業の国有化は法制化を要した。なお、「人民連合」の一部には国有化それ自体を目標として推進する勢力もあったが、政権は限定的で技術的なものと捉えていた。ペドロ・ブスコヴィッチ経済相は、チリ経済の過度の寡占状態と高インフレ体質を考えれば、国家が基幹産業ごとに大企業数社を国有化し、これら企業の価格設定をインフレ抑止の手段として利用すべきと主張した。

ここから、政府はキリスト教民主党と交渉して協定を結び、「国の経済にとって極めて重要な事業を行っている企業」という曖昧な基準に基づき、各企業を国有化するか、混合所有に移行するか、民間企業のままとするかを判断することで合意した。政府はこの協定に基づく法案「経済所有分野法」を一九七一年一〇月一二日に議会に提出したが、採決直前でキリスト教民主党の内部分裂により当初の協定は反故にされ、国がどの企業を国有化できるかを議会が個別に判断できるとする法案に変更された。政権の当初の目標は二四三企業の国有化で、後に九一企業にまで縮小されたが、それでも議会が扱えるのは多くとも年間八件と見積もられた（Martner 1988）。新法案は一九七二年二月一九日に上下両院で可決され、一九七一年一〇月一四日以降に行われた五二〇件の接収も無効となった。新法に対する左派の大規模な抗議運動を受け、アジェンデ大統領は一九七二年四月一一日に拒否権を発動したが、その翌日、今度はこれに対してパトリシオ・エイルウィン上院議長が率いる野党〔キリスト教民主党〕が抗議運動を展開した。結果として、法的な宙づり状態が生まれた。ここで「人民連合」の一部や一般労働者からの圧力を受けたアジェンデ大統領は、一九三二年の制定以来使われたことがなく、よく知られていなかった政令を援用した。この政令は、国は「労働争議により機能停止した」企業に介入できると規定するものだった。言うまでもなく、小規模な家族経営企業を含む多くの企業の労働者は、企業を機能停止させ、国家の介入を強く望んだ。しかし結果として混沌が生まれ、収拾がつかなくなる。一九七二年一〇月、労働者がサンティアゴの複数の工場を占拠、「地区労働者連絡組織《コルドン・インドストゥリアル》」と「住民委員会《コモンドス・コミュナル》」を自発的に組織し、公的な経済団体や国家機関に取って代わった（詳細はVylder1974：第六章を参照）。

「経済所有分野法」の失敗によって、行政府と立法府との間の膠着状態は決定的なものとなった。管見の限り、政府の提出した主要な法案が議会で可決されたことはその後一度としてなく、また議会が可決した主要な法案すべてに大統領の拒否権が発動された。二〇世紀初頭にまで遡るチリの伝統とも言えるが、議会は憲法違反を糾弾して複数の閣僚を不信任に付し、これに対してアジェンデは閣僚の所管を変えて閣内にとどめる措置をとって常に対抗した。一九七二年九月一日にはキリスト教民主党上院議員のアミルトンが大統領の辞任を要求し、弾劾を求める声も大きくなっていった。もっとも、弾劾には議会の三分の二の賛成が必要であり、サンティアゴ市民の四九・七％の支持を依然として集めるアジェンデ人気もあって、七三年三月に実施された選挙では野党が必要とする議席数は確保できなかった（Navia and Osorio 2017）。

憲政上最後の宙づり状態は、一九七二年も暮れになって生じた。野党は親政権組織が武器や爆発物を秘密裏に準備していると主張し、同年一〇月二三日、議会はそれらが隠されていると思しき場所すべての捜索を軍に許可する法案を可決した。これに対して今度は大統領が、自身の特段の許可なくして軍は公共の建物に入れないという法的根拠を持ち出して対抗した。それまで軍指導部の大方は、政府が憲法違反を犯さない限り軍は政治に介入してはならないとの立場をとっていたが、この行政と立法部門の対立によって、合憲性の判断は困難になってしまった。七三年八月二二日には、議会は政権が憲法違反を犯し、正統性を有していないとの宣言を出した。そしてその翌日、プラッツ将軍に代わってピノチェト将軍が軍司令官に就任し、これが九月一一日のクーデタへの道を開くことになった。

三　崩壊の予兆(2)

アジェンデが選出された直後から、アメリカの支援を受けた右派は「恐怖キャンペーン」を展開し、ソ連による支配への恐怖感を煽った。一九七〇年一〇月二二日には、政情の不穏化を狙った一部の将校が軍司令官のシュナイダー将軍の誘拐を企て、最終的に殺害してしまうという事件も起きていた。

選挙後には農村で衝突や工場ストが相次いだ。フレイ政権最後の年となる一九六九年、地方ではスト一一二七件と農民による大農園占拠（「農家占拠」）一四八件が記録されていたが、その数は一九七〇年にスト一五八〇件と占拠行動四五六件となり、うち一九二件は同年の最後の三カ月間だけで発生した（Landsberger and McDaniel 1976）。別の文献によると、地方でのストは一九七一年に一七五八件、占拠行動は一九七〇年の四五〇件から翌七一年には一二七八件と倍以上となった（Martner 1988）。大統領と農業相はともに違法な土地収奪を公然と非難はしたものの、騒ぎを収めることはできなかった。地主たちは結集し、時として武器を用いて力づくで土地を奪い返し、私的な司法機関である「農業裁判所」を設立して自らに有利な判決を下した。さらに、それまでに法律によって土地が収用され、引き渡した所有主がこの運動に加わった。

工場や鉱山でのストは、一九六九年に二七万五〇〇〇人の労働者が参加して九七七件を数えたのが、アジェンデ政権の初年度の一九七一年には三〇万二〇〇〇人が参加して二七〇九件へと増加し、さらに七二年には三九万七〇〇〇人の参加を得て三二八九件に上った。なお、スト件数に対する参加者数をみると、ストは小企業にも広がっていたことがわかる。

右派が街頭を最初に占拠したのは一九七一年一二月一日のことで、この時、ファシスト組織「祖国と自由」に守られたサンティアゴの裕福な女性たちが「空っぽの鍋」を鳴らしてデモ行進した。彼女らは左派のカウンターデモからの投石を受けた。その一〇カ月後の七二年一〇月、今度はトラック所有者のスト、多数の工場封鎖、労働者の職務放棄によって国は麻痺に陥る。こうした騒動を収めようと政権は緊急事態を宣言するとともに、プラッツ将軍が軍人として初めて入閣し、内務相となった。七三年八月にも、トラック所有者ストが再び起きた。

一九七〇年一二月二日、コンセプシオンで左派大学生二名が銃撃されて負傷したことを皮切りに、暴力沙汰が次第にエスカレートしていった。七一年六月九日には土地占拠の最中に農民一名が殺され、同日には前年のシュナイダー将軍の暗殺に続いて、今度はエドムンド・ペレス・ズジョヴィッチ前内務相が正体不明の左派集団「人民前衛組織（ＶＯＰ）」によって殺害された。その数日後、ＶＯＰのメンバー二名が警察との五時間に及ぶ銃撃戦の末に殺された。七一年一〇月二八日付のエル・メルキュリオ紙は、テムコでの土地紛争中に七件の武力衝突があり、四人が死亡、一九人が負傷したと報じている。一一月二二日にも、別の土地紛争で一名の負傷者が出た。七二年五月二〇日にはサンティアゴでも銃撃戦が起こり、警察によって革命的左翼運動（ＭＩＲ）メンバーが射殺され、八月五日にはスラム街の住民と警察との衝突でもって一名の死者と多数の負傷者が出ている。さらに、七三年四月二六日には、政府の教育改革案をめぐって街頭での衝突が発生し、数名が負傷している。また同年六月二七日には、アジェンデ大統領の軍事補佐官だったアルトゥーロ・アラヤが「祖国と自由」によって暗殺されるという事件も起きた。七三年六月中旬になると、銃撃戦、爆発、放火は日常茶飯事となった。スーパーは略奪され、与党の複数の地方本部では右派の準軍事組織が車上からの発砲や爆破を行い、エル・テニエンテ鉱山の作業員は爆薬を乗せたトラクターを先頭にサンティアゴまで行進した（Bitar and Pizarro no date）。政権は野党への大幅な譲歩を図り、カトリック教会は仲介を試みたが、それでも暴力の連鎖を止めることはできなかった。

図３・３が示すように、民衆暴動は七二年に急増している。しかし、これらの劇的な出来事があってもなお、人々の政治意識に変化は見られなかった。同年になっても、高所得者の九九％が生活必需品を入手するのが「難しい」と回答する一方、低所得者の七五％は「容易い」としていた。プロトゥロとシャパロが紹介している調査によると、高・低所得者ともに自国が「暴力がはびこる状況にある」

［図 3.3］ チリにおける騒擾発生件数、1938-73年

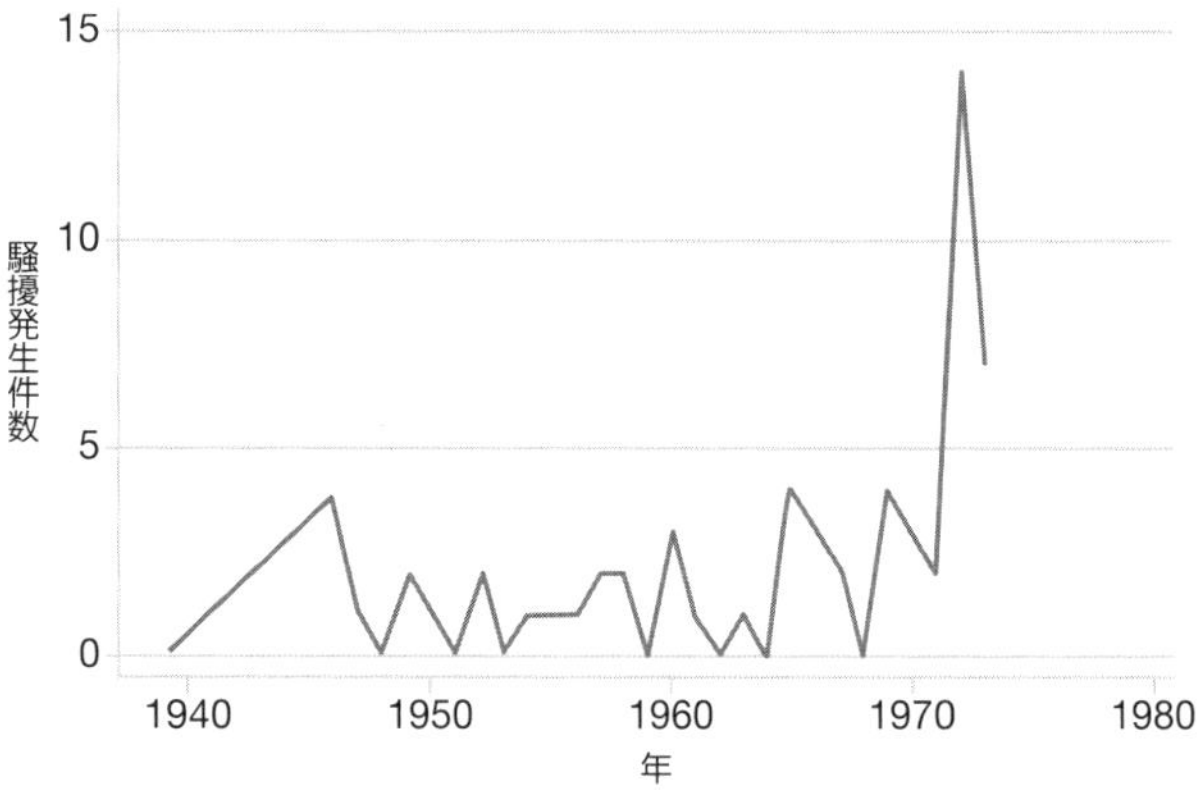

ことに同意したものの、その原因は野党のみにあると回答したのは高所得者では七％に過ぎず、他方で低所得者では三五％に上った（Prothro and Chaparro 1976: 102, 104）。七三年三月の議会選挙における五大政党の得票率は、社会党がわずかに伸びたことを除けば、六九年とほぼ同じままだった。投票率は前回よりも上昇し、投票者数は四割近くも増加した。つまり、政党政治に対する不満や既成政党に対する支持の低下の兆候は見られなかったのだ。

最も不吉な兆候を見せたのは軍部だった。軍指導部の公式的立場は、政権が憲法違反をしない限り政治とは距離をとるというものだったが、武力による政権転覆に前のめりになっていた将校は少なくなかった。七〇年一〇月にシュナイダー将軍誘拐を企てたヴィオー将軍は、一九六九年にフレイ大統領に対して軍人の待遇をめぐって反乱を起こした経験を持っていた。また七三年六月のクーデタ未遂事件は、それより低い階級のソウペル大佐が首謀したものだった。この

時期、サンティアゴでは、軍の一部がクーデタに打って出るのではないかという話題で持ち切りだった。七三年三月選挙で、右派が大統領弾劾のために必要な三分の二の議席を確保できなかったため、後に民主化したチリで大統領となるパトリシオ・エイルウィン率いるキリスト教民主党がクーデタを歓迎することは明らかだった。七三年七月には、いかなる形でクーデタが起こるかが唯一の問いとなっていた。もしこれが国の南部に駐留する海軍の手によるものとなれば内戦に発展することが懸念されたが、多くの人々が想定したのは、軍部主導でアジェンデをキューバに追放したうえで選挙を実施し、フレイが大統領に就任するという「ソフト・クーデタ」のシナリオだった。クーデタが実際には壮絶で血なまぐさいものになり、その後一六年にもわたって軍事政権が続くことになろうとは誰一人として予想していなかっただろう。

四　結果

ハチソンほかが指摘するように、「段階的で統制された上からの革命と、より自発的で地方に根ざした下からの革命との間の緊張は決して解けることなく、これがチリの革命プロセスにおいて決定的となった」(Hutchison, Klubock, and Milanic 2013: 348)。チリの一連の出来事での重要な側面となったのは、政府が支持者を統御できなかったことにある。アジェンデが戦略的に行動できなかったのは、党内集団や共産党を除く連立与党の一部メンバーが状況に応じて要求を抑え動員を解除するよう統制できなかったからである。戦後のイギリス労働党政権の閣僚だったベヴァン卿はかつて「我々は国民の言うことを聞かざるを得ないような立場にはなりたくない」と述べたが、アジェンデはそのような立場に否応なく置かれたのだった。政府の要請に反して小作農は土地を占拠し、禁止令に反して政権内の一部では武器が集められ、重要な左翼武装集団〔革命的左翼運動（MIR）〕はそもそも政権のメンバーですらなかった。イデオロギー的情熱は激しく、規律など存在しなかった。

チリでの出来事は、民主的な制度枠組みの重要性を改めて浮き彫りにする。ワイマール共和国とは対照的に、チリは純粋な大統領制を採用していた。この政治体制のもとでは、行政府と立法府を異なる政治勢力が掌握する場合、政府機能は麻痺してしまうことがある。アメリカでは「分割政府」として知られる状況だ。行政府が主導する法案は立法府で通らず、立法府が可決した法律には大統領が拒否権を発動する。膠着状態が深刻になると、大統領は非常大権を行使しようとし、議会は大統領の弾劾に動く。そのうちに所得は落ち込み、インフレは悪化し、至る所で品不足が発生し、野党陣営の支持者が街頭に繰り出すようになる。

さらに、チリでの出来事は、民主主義と資本主義との間の緊張関係を物語るものでもあった。スウェーデン社民党党首だったヤルマール・ブランティングは一八八六年に、果たして「人民が特権廃止を求めたとして、上流階級は言うことを聞くだろうか」と問うている（Tingsen 1973: 361 からの引用）。また、ドイツ社民党党首だったアウグスト・ベーベルは一九〇五年に、革命は「選挙を通じて正統に獲得した権力の行使を守るための純然たる防衛手段」として必要かもしれないと考えていた（Schorske 1955: 43 からの引用）。アジェンデが大々的な社会経済的な変革のための付託を受けていなかったことは明らかだ。彼は僅差でもって大統領に選ばれたのであり、彼の連立政権は議会多数派を得られなかったからだ。自身はルールに沿って選出され、ルールに従って統治しようとしたが、支持勢力に迫られて権限を超えた統治をするようになった。特権を脅かされていた上流階級は軍部を頼るようになり、軍部も多少の躊躇いを抱きながらもそれに応じていったのだ。

3・3　フランス、一九五四〜六二年と一九六八年

一　〔フランスの〕民主主義

フランスの第三共和制は一八七五年に成立した。選挙は一九三九年まで定期的に実施され、この間に政権交代は九回を数えた。第二次世界大戦直後はシャルル・ドゴール将軍からレオン・ブルムまでの臨時政府が続き、その後、一九四六年憲法が制定されて第四共和制が誕生した。この憲法のもと、議会選挙が四六年一一月、五一年六月、五六年一月に実施された。

二　〔フランス民主主義への〕脅威

戦後数年間は激しい社会不安が渦巻き、一九四七年には山猫スト〔組合当局の承認を経ずに行うストライキ〕が立て続けに発生したが、暴力でもって排除された。一九五三年にも今度は公共部門で大規

一一月六日になってようやく次の内閣が誕生した。フェリックス・ガイヤール（ＰＲＳ）率いるこの内閣は新たなアルジェリア基本法を提案したが、またしても議会で否決され、在任一六〇日で政権を手放すことになる。次のピエール・フリムラン（ＭＲＰ）内閣は発足まで二九日間を要したが、その命運も一四日で尽きる。モレ内閣退陣後、フランスでは総計すると、八九日もの間、政権不在の期間が続いたことになる。こうして一九五八年六月一日、シャルル・ドゴール将軍による第四共和制最後の内閣が誕生したのである。

このドゴールの首相就任に関する解釈をめぐっては、激しい論争がある。この論争の焦点は、政権につくまでの出来事にドゴール自身が加担していたかどうかにあるから、ここで私が片方の肩を持つような出過ぎた真似は避けなければならない。ただし、基本的な事実は明らかになっている。五八年五月一三日、複数のアルジェリア市民のグループが首都アルジェにある政府庁舎を襲撃、占拠する事件が発生し、警備隊は鎮圧に動こうとしなかった。蜂起の首謀者の中には数名のドゴール派の者も含まれ、彼らは現役将軍であったジャック・マシュー将軍を議長とする公安委員会を結成し、植民地維持の方針を明確にする政府がパリで発足するまで、アルジェリアを統治すると宣言した。すなわちこの蜂起の目的は、フリムランの首相就任を阻止し、代わりに国民議会にドゴールを推挙させることにあった。五月二四日にはコルシカ島でも同様の公安委員会が設立され、反乱は本土に向かって広がりを見せつつあった（「復活作戦」）。五月一四日にフリムランが首相に任命されたが、二七日にドゴールは沈黙を破り、首班指名を受諾する用意があると声明を発表し、アルジェリア駐留軍に上官の命令に従うよう命じた。確かにこの声明は将軍がまだ手にしていない権力を簒奪するものがあるようにも読める。「このような状況下では、いかなる立場によるものであれ、公的秩序を乱す行為はすべて深刻な結果を招く恐れがある。こうした事態は承知のうえで、私はこれを許すつもりはない」(Denquin 1988: 171 からの引用)。翌日にフリムラン内閣は辞職し、国民議会はドゴールを首班とする内閣を承認した。この内閣は、六つの政党と無所属議員からなる広範な連立政権であり、三人の首相経験者が参加していた。そして半年の間、政令を通じた統治と新憲法草案の策定作業に着手することが認められた。つまり、ドゴールが首相に就任するプロセスは憲法に合致していたが、政権樹立はアルジェリアで発生したクーデタへの対応であるとともに、彼自身の最初の一手でもあったのだ。

草案は短期間で準備されたが、まずは議会が第四共和制憲法第九〇条の改正条項を変更して、憲法の全面改正を可能にしなければならなかった。この手続きを経て、新内閣は憲法案を国民投票にかけた。投票に先立って、各家庭には二枚の投票用紙(「イエス」と「ノー」)、憲法案の条文、さらに新憲法への支持を求める九月四日のドゴールの演説文が配布された。そしてこの新憲法は本土の七九%、アルジェリアの九五%の有権者の賛成を得た。新しい憲法は五八年九月二八日に正式に承認され、一二月二一日にドゴールが大統領に、ミシェル・ドブレが首相に選出された。この間の一〇月一三日には政令によって選挙法が改正された。

新たに大統領となったドゴールがアルジェリア危機をどのように解決しようとしていたかについても、つまり果たして端からアルジェリア独立を不可避とみていたのか、それとも事態の推移とともに立場を変えたのか、やはり論争がある。首相に就任した直後、アルジェリアのフランス人に向けて「諸君らのことはわかった(Je vous ai compris)」と語った有名な演説の中では、アルジェリア人の政治権利の拡大や領土開発のための大規模投資は実施しつつも、あくまで彼は「フランスのアルジェリア」という現在の植民地維持を支持していると理解された。しかし、こうした態度はすぐに翻され、アルジェリアのフランス人たちは裏切りを非難するようになった。フランスの世論も変化し、五六年七月には回答者の四五％が「蜂起の首謀者」と交渉すべきとしていたが、五七年七月には五三％、五九年五月には七一％へと、上昇した (Ageron 1976)。ドゴールの言説が「協力」から「アルジェリア自治」へ、そして「アルジェリア人によるアルジェリア」へと移っていくにつれて、アルジェリアのフランス人コミュニティ内での対立が激化していった。六〇年二月二四日にはフランス人同士による衝突があり、数名が死亡した。同年六月一六日には、フランス領アルジェリアの防衛を主張する「フランス領アルジェリア戦線（ＦＡＦ）」が組織され、同年一二月に解散させられるまで暴力的な示威行為を繰り返した。六一年一月八日に実施されたアルジェリア自治を問う国民投票は、本土では七五・八％、アルジェリアで六九・一％の賛成を得た。六一年二月には、爆破や暗殺行為を企てるテロ組織「秘密軍事組織（ＯＡＳ）」が結成された。そして四月二二日、将軍数名がアルジェリアはフランスからの分離独立し、彼らの統治下に置かれると宣言した。ドロとレヴェールによれば、この新たなクーデタ騒ぎは迫りくる侵略という恐怖にパリを陥れたが、将軍らの蜂起に新兵が従うことを拒否したことがわかると、安堵の雰囲気が広がったという (Droz and Lever 1991: 296-313)。六二年三月一九日にアルジェリア戦争の和平協定が締結され、その後四月八日に国民投票によって協定案が批准された。

　戦争による経済的、社会的、そして軍事的負担は莫大なものだった。戦争従事者は延べ一七五万人に及び、うち一三四万人は徴兵によるものだった。アルジェリアのみならず、本土でもフランス社会は深く分断され、反戦デモを警察当局が徹底的に弾圧することも数回あった。六二年二月八日にもデモ参加者数名が殺され、その葬儀のために五〇万人もの人々が街頭に集まった。

四　結果

第四共和制の制度的枠組みにあっては、いかなる政権でもアルジェリア戦争という惨事に対処することは難しかっただろう。そして、戦争があと四年続いていたとしても、ドゴールの登場と彼に対する広範な権限の付与、そして権力の中心を議会から大統領に移行させるという制度変更によって、この難局は打開されただろう。

詳細は脇に置いて、ここで一旦状況を抽象的に考えてみよう。ある社会が深刻な惨事に見舞われ、制度的枠組みから、これに適格に対処できる政府が生まれずにいる。すると、新政権の方針を変えようと、軍が蜂起する。それを受けて、戦争の英雄であった退役将軍が先手を打って政権の首班となる。彼は政令による統治と憲法改正の権限を議会に要求し、これを手に入れる。加えて、この政権は新聞とラジオを統制し、紛争の両陣営の一部組織を禁止し、「軍隊の士気を低下させた」ことを理由に数名を訴追する（Denquin 1988: 150）――このような話には聞き覚えがあり、不吉な予感がする。しかし、最終的には戦争は終結し、民主主義は生き延びた。

第二次世界大戦直後のフランスでは、かつてのヴィシー政府支持者を中心とした反民主主義勢力は弱体化していた。彼らは右派の立場からドゴールを批判したが、その他の政治勢力はすべて徹底した民主主義者だった。この要請は一九四六年憲法の第九五条に定められ、ここで共和主義的な統治形態は改正が許されないと謳われていた。蜂起軍は反乱の用意があったものの、彼らの要求はアルジェリアをフランス領にとどめることだけで、権威主義体制の樹立までは求めていなかった。実際、彼らの多くはドゴール主義者だったのである。このことから、仮に独裁制を打ち立てようとする動きがあったとしても、激しい抵抗に遭ったと考えるのが妥当であろう。しかし一九五八年の出来事は、ドゴール将軍の個性を抜きにして語ることはできない。彼は、フランスを戦争という迷宮から救い出すためには、苛烈な弾圧を含むあらゆる権力手段を用いることにも躊躇しなかったが、永続的な独裁制を築こうとは決して考えなかった。現に五八年五月に野党が、ドゴールが独裁者になろうとしているのではないかとの疑念を呈した際、彼はこう応じた。「六七歳にして私が独裁者の道を歩み始めるなどと、一体誰が信じるというのか」。

事実、彼はその道を歩まなかった。六二年に憲法が改正され、大統領は直接選挙で選出されるようになった。しかし、六五年の大統領選でドゴールは第一回投票では当選できず、決選投票では得票率五五・二％で勝利を収めたものの、屈辱を味わった。その四年後の六九年四月二八日、彼は取るに足らない国民投票が否決された後に辞職した。ドゴールが去った後も第五共和制の制度は生き延び、八一年にはかつての政敵だったフランソワ・ミッテランが大統領に就任した。

フランスが経験した危機から得られる第一の教訓は、やはり制度に関わるものである。第四共和制の制度のもとでは、政治勢力間の力学もあって、いかなる政権も惨事を前に決然とした行動をとるの

［図 3.4］ フランスにおける騒擾発生件数、1945-70年

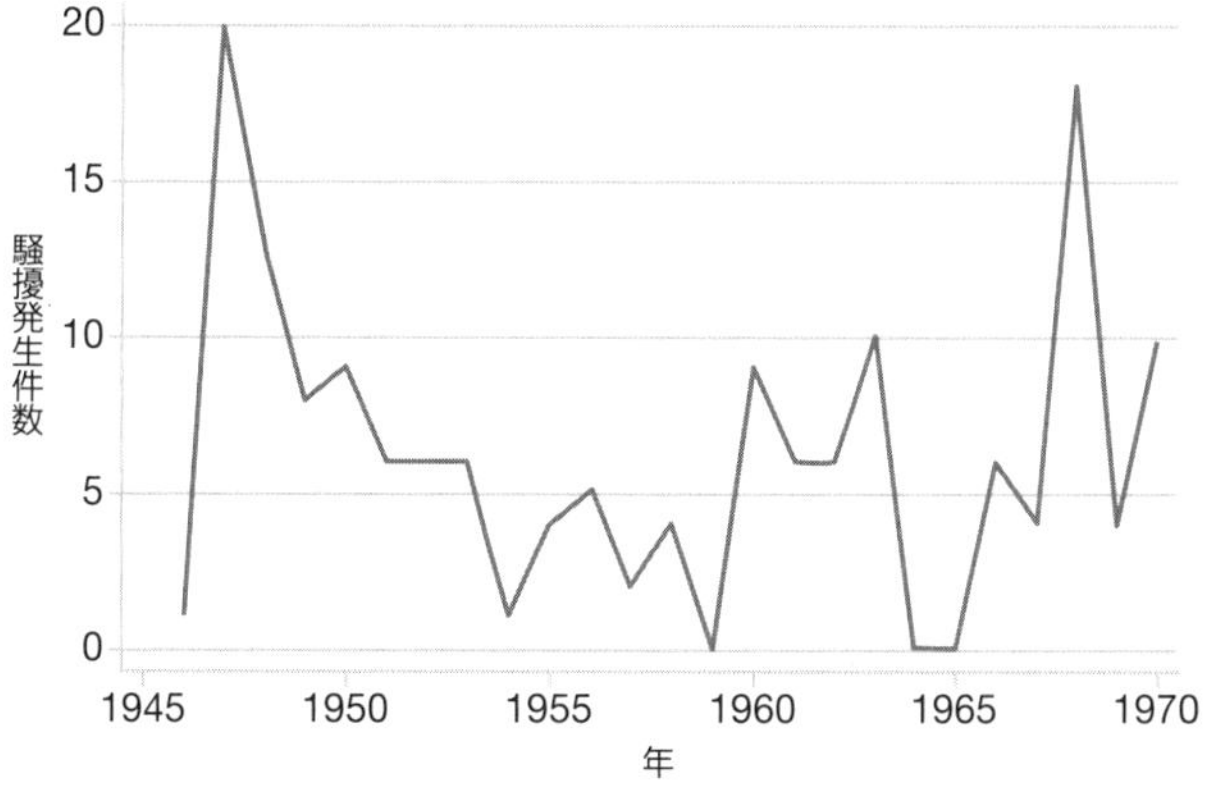

に必要な安定多数を獲得することができなかった。

こうした状況は憲法改正によって打開され、行政府の長の権限が強化され、政権は安定するようになった。新たに選出された大統領に付与された暫定的な権限にはほぼ制約がなかったが、ドゴールは野党の存在を許容することで民主主義を守ろうとした。また、そうせざるを得なかったのだろう。反実仮想は、改めて偶然の持つ役割を浮き彫りにすることだろう。もし軍部に人脈を持つ人物が文民指導者になっていなかったとしたら。もしこの指導者が民主的な野党を一掃するために憲法で与えられた権限を用いていたら。こうした問いには答えようがないが、ナチス・ドイツのもとでの民主主義の崩壊と同じように、フランスの民主主義の生存もまた歴史的な偶然に過ぎなかったかもしれないことを教えてくれる。

五　備考

六八年五月革命について付記しておこう。六八年五月のフランスでの出来事は劇的であったにせよ、民主主義を脅威に晒したとは思えない。確かに、これは警官一九一二人を含む数千人もの人々が負傷するような暴力的な出来事だった（Le Gac, Oliver, and Spina 2015: 524）。それでも、数百万の人々が街頭に繰り出して、大規模ストやバリケードの設置、建物の占拠などを行ったものの、死者数はわずか（四〜七人）にとどまった。その後、目立ったテロ集団も生まれなかった。劇的な局面はいくつかあったものの、六八年六月二三日から三〇日にかけて行われた議会選で政権与党が圧勝すると、事態は急速に沈静化していった。

最後に、図3・4は一九四五年から七〇年までのフランスにおける騒擾発生件数を示したものである。図からわかるように、一九四七年、六〇〜六四年、六八年がピークとなっている。

3・4　アメリカ、一九六四年〜七六年

一　〔アメリカの〕民主主義

世界で最も古い民主主義国であるアメリカも、幾度となく危機を経験した。なかでも南北戦争は深

刻なものだった。また、南北戦争中や第一次世界大戦後、第二次世界大戦の戦中戦後など、断続的に弾圧の波が起きた。しかし歴史上最も血塗られた戦争の只中にあっても、代表制は正常に機能し、すべての選挙が予定通りに実施され、議会が休止することもなかった。

二 〔アメリカ民主主義への〕脅威

アメリカ社会での対立は、一九六〇年代に主に都市暴動という形で頻発した（一九六四年のロチェスター、ハーレム、フィラデルフィア、一九六五年のワッツ、一九六六年のクリーヴランドとオマハ、一九六七年のニューアーク、プレーンフィールド、デトロイト、ミネアポリス、一九六八年のシカゴ、ワシントン、バルチモア、クリーヴランドなど）。一九六八年には、マーティン・ルーサー・キング牧師とロバート・ケネディ司法長官の二人が暗殺されている。ベトナム戦争の渦中にあって、国内は大きく分断されていた。大規模なベトナム反戦運動が一九六四年に始まり、その後も継続した。これに対する弾圧も広範囲に及び、一九六六年には下院の非米活動委員会が反戦活動家に対する調査を開始している。一九七〇年五月四日には、ケント大学で行われた反戦デモに対して州兵が発砲し、死者四名と負傷者一二名を出すという事件があった。さらにその数週間後には、ジャクソン州立大学で警察が学生二名を殺害、一二名を負傷させている。図3・5が示すように、一九六〇年代は騒擾が多発した時代であり、一九六八年に最多件数を数えた。

［図3.5］ アメリカにおける騒擾発生件数、1919-2012年

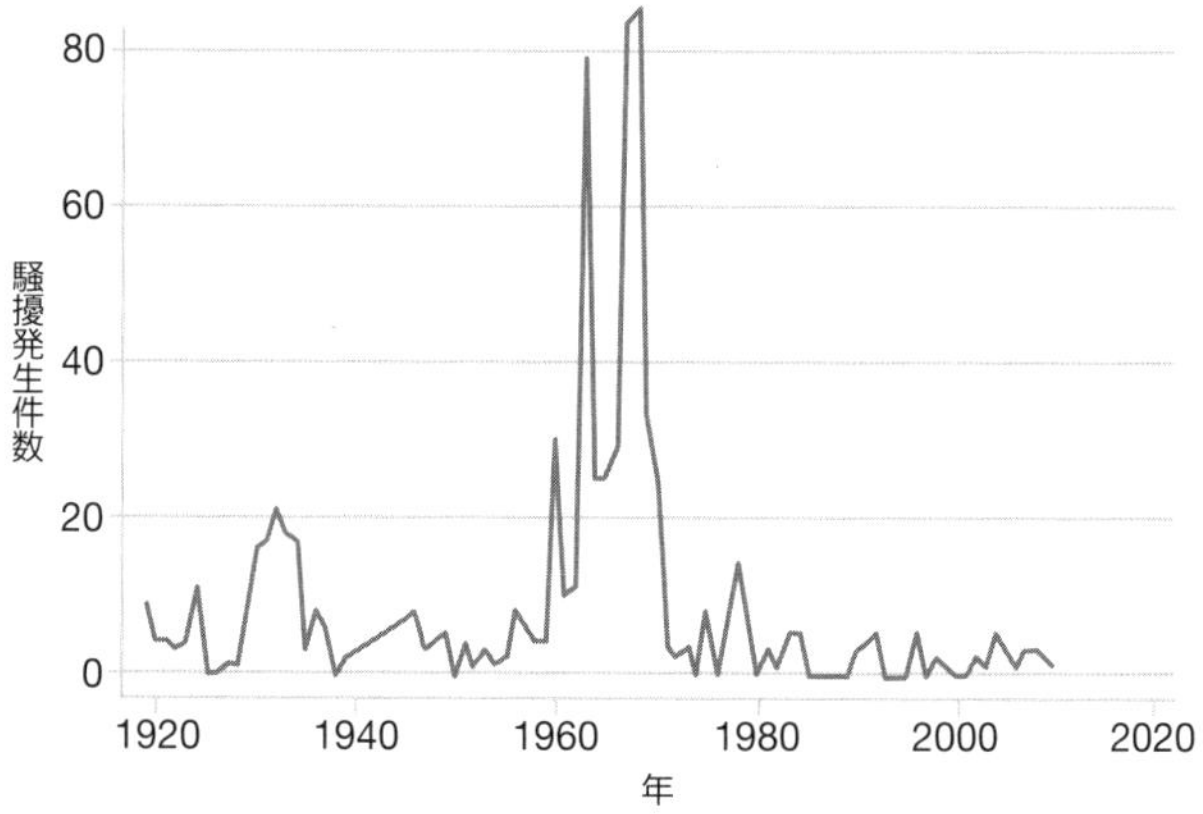

三　崩壊の予兆

一九六八年、リチャード・ニクソンが合衆国第三七代大統領に選出された。選挙戦は同年のシカゴ民主党大会での「警察暴動」を筆頭に暴力沙汰で度々中断されたものの、その一期目には民主的制度が危機に陥るような兆候は見られなかった。しかし、一九七二年の大統領選が近づくにつれ、ニクソンは政府機関を党派的な目的のために利用するようになっていく。彼は対立候補と目されたテッド・ケネディ上院議員の監視を命じたのである。また大統領スタッフによっても、連邦機関を使って標的とするための「政敵リスト」が作成され、対象を増やしていった。大統領顧問の一人、ジョン・ディーンはこのリストの目的を明らかにしている。「この覚書は、我が政権に対する精力的な敵対活動で知られる人物に対処するにあたり、我々が現職にあることをどう最大限活用できるのかという問題に取り組むも

のである。より直截に言えば、我々の政敵を締め上げるために、動かせる連邦機関をいかに利用するかということを述べるものだ」（ジョン・ディーンからローレンス・ヒグビーに宛てられた覚書、一九七一年八月一六日付）。監視対象とされた政敵には盗聴器が仕掛けられ、嫌がらせのために連邦捜査局（ＦＢＩ）、中央情報局（ＣＩＡ）、内国歳入庁（ＩＲＳ）が利用された。そして、こうした工作の調整役となったのは「大統領再選委員会」、通称「ＣＲＥＥＰ（クリープ）」だった。ニクソンは七二年に再選を果たしたものの、同年六月に起きた民主党全国委員会本部への侵入未遂事件が明るみになるにつれ、政権によるメディアや司法に対する攻撃は激しいものとなった。ベトナム戦争が七三年一月二七日に終結してからも、このウォーターゲート事件は大統領周辺の違法行為を明るみに出した。最終的に司法長官二名、主席補佐官、ホワイトハウス職員三名、商務長官、ニクソンの顧問弁護士らを含めた支持者六九人が起訴され、四八人が有罪判決を受けたという事実は、ニクソン政権があらゆる手段を講じて権力を死守しようとしたことを物語っている。

四　結果

アメリカ合衆国が経験した危機において特筆すべきは、大統領による権力濫用を食い止めるため、代表制というチェック・アンド・バランスのシステムが有効に機能したことだ。上院は七七対〇でウォーターゲート事件の捜査開始を可決し、続いて下院も大統領に対する弾劾手続きを進めていった。この時、上下両院ともに民主党が多数派だったことは確かに大きな意味を持った。しかし、上院、下院の共和党議員の一部も賛成票を投じたことも事実だ。裁判所もまた、危機にあって役割を果たした。最高裁が録音テープの提出を大統領に命じたために、政権は追い詰められることになったからだ。こうして弾劾はもはや避けられないと悟ったニクソン大統領は、一九七六年八月八日に辞職した。

ここで頭をよぎるのは、上下両院で共和党が多数派だったとすれば、大統領の権力濫用に対して制度的に対抗できたか、という反実仮想だ。チェック・アンド・バランスのシステムが機能するのは、ジェイムズ・マディソンが期待したように、異なる機関のメンバーが自らの機関の利益を守ろうとするからなのか、それとも政府の権力が異なる政党に分割され、それぞれの議員が自党の利益を守ろうとする場合に限られるのだろうか。

第四章　歴史の教訓——何に注目すべきなのか

こうした絶対的な確信は私にはない。私にわかるのは、状況が絶え間なく変化し、不測の事態が立て続けに起こったということだけで、そのどれもが必然であったとは思えないのである。

（Alon 2002: 11、ワイマール共和国について）

もし歴史が未来を照らし出すものなのであれば、現在私たちが目の当たりにしている状況が過去の状況を反映しているかどうかに応じて、未来も変わる。それゆえ、歴史から教訓を引き出すのはまだ早計である。しかし歴史に目を向けることで、何に注目すべきか、民主主義が危機に陥っている兆候はどのようなものか、どのような出来事が実際にその崩壊につながるかを知ることはできる。

歴史を手掛かりとするなら、まずは所得や所得増加、分配といった経済状況に目を向けるべきである。また、その国の民主主義の歴史、すなわち選挙による政権交代がどれだけ定着しているかも考慮に入れるべきである。そして、政治的分極化の程度や、異なる政治的解決策を志向する集団間の敵意の度合いなど、社会における分断の激しさにも着目しなければならない。

第三章でみた四つの事例からは、民主的制度の特定の形態、とりわけ何らかの惨事が起きた際に、権力を簒奪せずに決然と対処できる多数派政府の形成に資するものなのかどうかに注目すべきであることがわかる。もっとも、反実仮想的な推論をするのは危険である。安定多数派が実現しやすい制度があったとして、ドイツでは民主主義が生存しえただろうか。制度上の手続きによって行政府の長を解任できる議会制民主主義があれば、チリのクーデタは回避できただろうか。政治学者は制度の重要性を説くが、この二国における政治的紛争はあまりに厳しく、いかなる制度設計のもとであれ平和裏に処理されることはなかったに違いない。

ただし、これらの指針は私たちが明らかに観察可能なものに偏っている。体系的なデータと同等に、手記や小説から得られる洞察も多くの示唆に富むだろう。なぜなら、衝撃的な出来事の主人公となった個人がそれをどのように認識し、体験したのかを伝えるとともに、最後には彼らの行動こそが危機の帰趨を決めたことを教えてくれるからだ。

つまり、条件が帰趨を決するのではなく、その条件下での人々の行動こそが帰趨を決するのだ。たとえ条件が一定であっても、帰結は一意ではない。例えば、スターンは、「一九三二年に至ってワイマール共和国の崩壊は必然だった。しかしヒトラーの勝利はそうではなかった」としている（Stern 1966: xvii）。しかし、一九二五年までは共和国の崩壊すらも必然ではなかったかもしれない。もし共産党やバイエルン人民党が大統領選挙の決選投票で中央党のマルクス候補を支持していれば、反民主的な性向のあるヒンデンブルクは一九三二年に大統領にならなかったはずで、その後の展開は違ったものになっていただろう。チリについても同じような想像ができる。キリスト教民主党の党首が交代して「経済所有分野法」が破棄された後での、アジェンデ失脚は必至だったかもしれないが、残忍なクーデタは回避できたかもしれない。あるいはフランスでは、申し分のない軍歴を持つ指導者がいなかったり、民主主義者でなかったりしたら、どうなっていただろうかと、想像を巡らせることもできる。だが、こうした問いには答えることはできない。そうであれば、歴史から引き出される教訓は微々たるものであり、現在の状況だけで未来が決まるのではない——つまり、未来は不確かであると言わざるをえない。

Ⅱ　現在——何が起きているのか？

減税と社会福祉の削減を主張する自称億万長者の候補者が労働者層から支持される一方、富裕層への課税を主張する候補者がウォール・ストリート・ジャーナル紙に支持される。性的関係を無理やり迫ったと自慢するバツ2の候補者が「家族の価値」を掲げる宗派からほぼ全面的な支持を集める――こうした明らかなナンセンスを多くの人々が信じている。過去数十年で最も景気が良い時に、政権与党が敗北する。与野党関係なくほぼすべての政党が「エスタブリッシュメント〔政治エリート〕」を攻撃する選挙運動を展開し、選挙前よりもさらにエリート主義的な議会が誕生する。資本と財の自由移動であるグローバル化に対する攻撃が、右派に位置する政党から浴びせられる。ナショナリストたちが国際的な連携を図る。どれ一つとっても筋が通らないことばかりだ。

何が起きていて、それはなぜ起きているのか。もし民主主義が危機に瀕していると疑うならば、私たちは何を理解しなければならないのか。ここでは、現在の政治的、経済的、社会的、そして文化的な変容が理解されなければならない。これらは一体何を意味しているのだろうか。ただし、「意味を理解する」ということは誤りの多い試みでもある。というのも、ヴォルテール著『カンディード』に登場するパングロスが語るごとく、何事にも「理由」があり、すべては論理的につながっているに違いない、という思いに駆られてしまうからだ。知性ある者は一見してもわからない論理的なつながりを探るものであり、マルクスの言葉を借りれば、「本質と外見が一致するならば、一切の科学が無用である」。しかし、それを過度に探究してしまえば、本当は存在しないところに因果関係を見出しかねない。意味の探究はとどまるところを知らないが、意味を見出すことには常に危険が伴う。私たちの信念は誤った判断で満ち満ちているものなのだ。

さらに私たちが理解すべきもの、つまり「事実」が何であるかが常に明瞭なわけではない。レオ・グッドマンがかつて指摘したように「事実とは実のところ極めて抽象的」なのだ。事実とは構築され、解釈される対象であり、たびたび論争の的となる。急進右派とみなすべきはどの政党なのか。オートメーションは労働需要を減退させるのか、機械に代替された労働は別の労働へと転換されるのか。「中間層の空洞化」は起きているのか。最高経営責任者（CEO）の限界生産力はどの程度なのか。説明のみならず、事実すらも当然視することはできない。

以下で展開するのは、過去の分析に用いた構図を反転させたものだ。まず、危機が迫っていることを示す兆候を挙げていく。それは、既成政党の凋落であり、急進右派の台頭やその支持者の態度などである。次に、それらを引き起こしていると思われる経済的、文化的、独自政治的な理由を探る。続いて、因果関係を探る際に生じる問題を取り上げ、ミクロな次元での説明を試みる。最後には、現在の状況は果たして歴史的に類をみない不気味なものかどうか、またそれはどのようなものであるのかを精査してみよう。

現在が危機に瀕しているかもしれないと感じさせる兆候は三つ、すなわち（1）伝統的な政党制の急速な衰退、（2）外国人排斥的、人種差別的、ナショナリスティックな政党の台頭とこれへの支持、そして（3）世論調査における「民主主義」への支持の低下が挙げられる。

5・1　伝統的な政党制の衰退

ほぼ一世紀の間、とりたてて大きな変化もなく続いてきた政党制が多くの国で崩壊しつつある。第一次世界大戦後に西欧とアングロサクソン諸国で生まれた政党制では、典型的には中道左派と中道右派の二つの政党が支配的な地位にあった。穏健左派の位置には、社会民主主義ないし社会主義、あるいは労働といった名を冠した政党が陣取った。右派の側はより多様だったが、どの国でも最低は一つの中道右派の政党が存在していた。こうした政党制は、比較的最近までほぼ強固なものとしてとどまっていた。これらの政党は時として党名を変え、合併や分党を繰り返しながらも、戦間期や第二次世界大戦の波乱のみならず、戦後五十年以上にわたる経済、人口動態、そして文化の大きな変容を乗り越えてきた。

どう特徴づけるかはともかく、この安定性は極めて驚くべきものだ。[1] 一九二四年前後の選挙で得票率が二〇%に届かなかった政党のうち、その後、この二〇%の壁を超えたものはごくわずかしかない。一九三九年以前では、一九二九年のイギリス自由党と一九三二年のナチ党だけがその数少ない例外だった。第二次世界大戦の直後には左派票の急増（一九四五年のフランス共産党、同年のフィンランド人民民主同盟、一九四七年の日本社会党）をみた。一九五一年から七八年にかけて、二〇%の閾値を初めて超えることができたのはベルギーとフランスの二つの政党だけだった。しかしその後、一九七八年から現在まで、一七もの新たな政党がこの閾値を超える票を得ている。第二次世界大戦後の激動の時代を含め、一九二四年から七七年までは新しい政党が閾値を超えるのが七・六年に一回だったのに対し、一九七七年以降は二・三年に一回となったという事実は、こうした安定性とその崩壊の一つの現われであろう。

政党制の安定性とその崩壊を示すさらなる尺度は、各国における一九二四年頃の得票上位二党が、その後の選挙でもその地位を維持した割合だ。一九三〇年のナチ党を除けば、どの国でも一九四五年まで上位二党には変化がなかった。また、第二次世界大戦の余波で多少揺らいだものの、一九二四年時点での上位二党の約九割は一九九〇年代後半までその地位を守っていた。一九九九年に起きた大きな凋落は二〇〇七年までにほぼ回復されたものの、二〇〇八年の金融危機を受けて再び動揺することになる。キアラモンテとエマヌエレは、この間に有権者票の政党間移動が増大し、選挙の変易性は主に政党の新規参入と退出によるものであることを突き止めている(Chiaramonte and Emanuele 2017)。図5・

［図5.1］ 1924年頃における得票数上位2党がその後も継続した割合

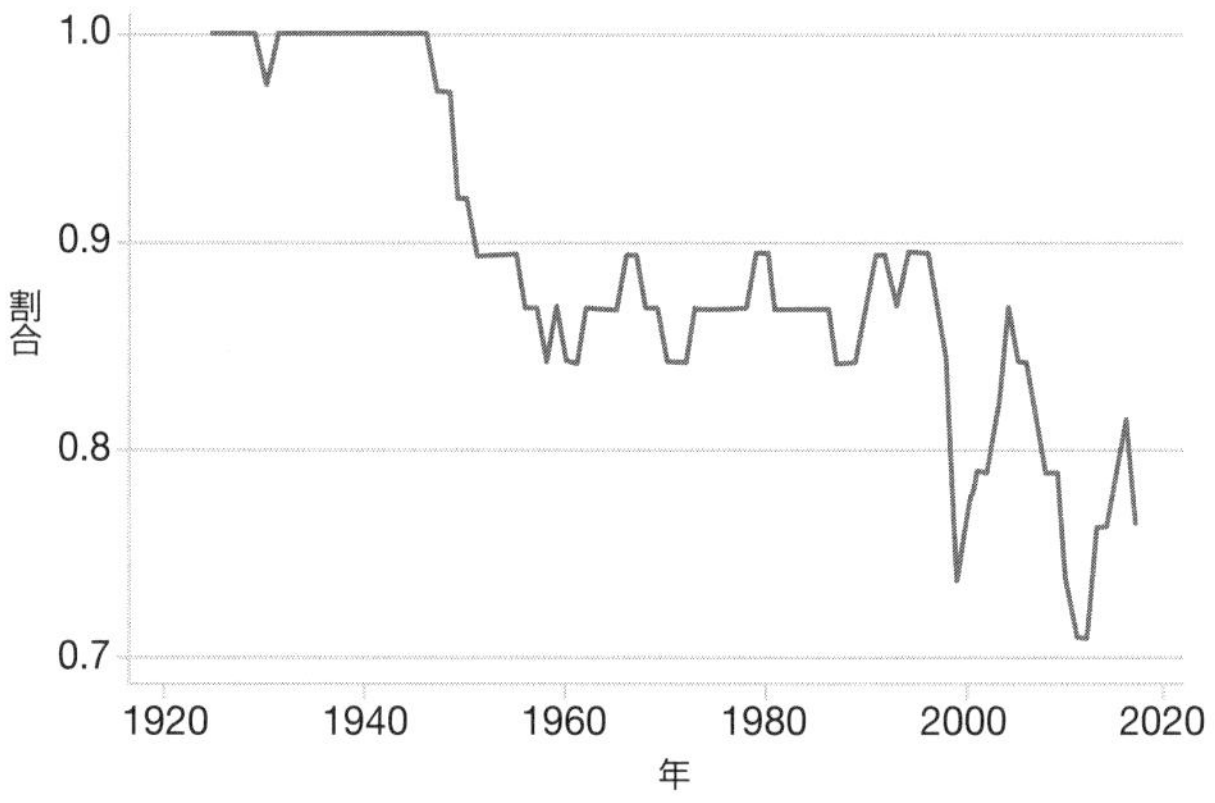

1はこれらのパターンを表したものだ。

もっとも、この図は、元来備わっていた安定性と近年におけるその崩壊を過小評価している。というのも、いくつかの国々では三党ないし四党による政党制が形成されており、政党間の得票差は小さく、その順位が頻繁に入れ替わったからだ。また、政党の名称だけでなくその公約を見なければ、中道左派と中道右派がともに全般的に右派イデオロギーに接近していることも見逃してしまう（Maravall 2016 参照）。公約を考慮に入れるのであれば、近年の不安定化はより鮮明となる。

また図5・2が示すように、有権者市場における有効政党数は一九八〇年代初頭から増加しており、過去数年でこれが加速している。(2)

こうした傾向はすべて、伝統的な政党制が崩れかかっていることを示唆している。もちろん、これは危機の兆候などではなく、ありふれた政党再編に過ぎず、民主主義の再活性化につながるとみることも

［図 5.2］ OECD加盟国（2000年時点）における有効政党数、
1960年以降

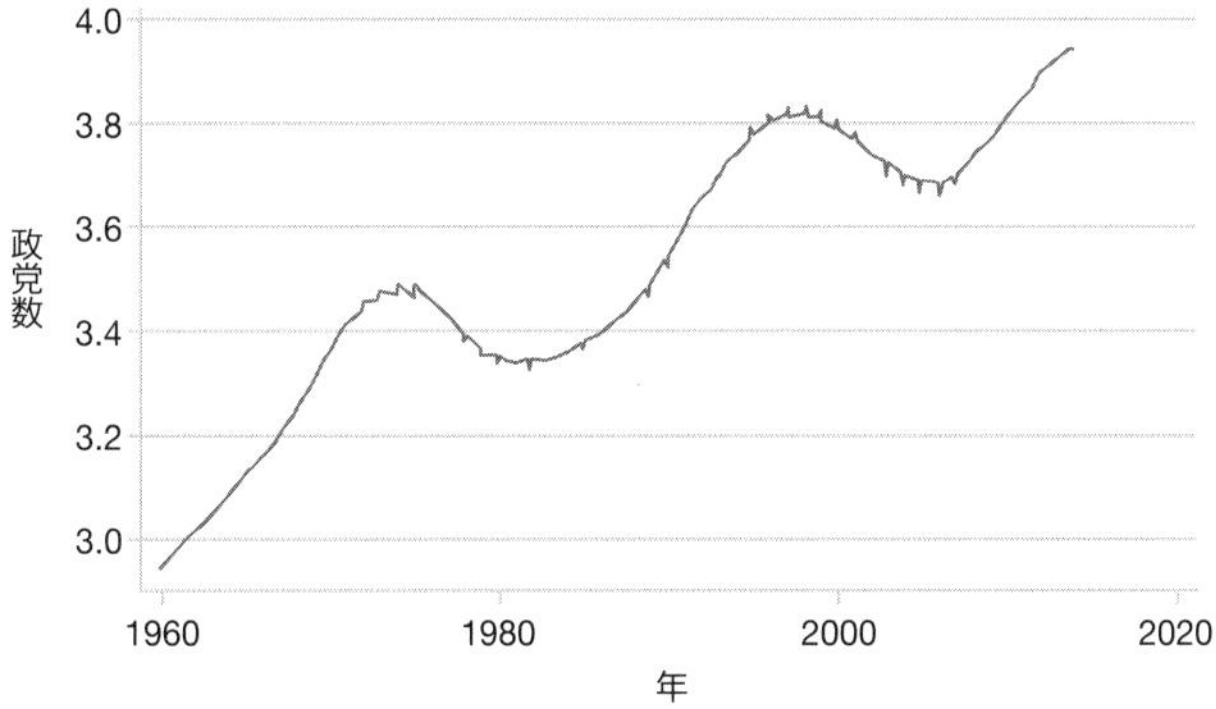

できるだろう。うまくいけば、その通りだったと、後になって知ることができるかもしれない。しかし今のところわかっているのは、七五年にわたって堅牢だった旧き政党制は崩れつつあり、新たな安定したパターンへといまだ結実していないということだ。旧きが死に、新しきが生まれていないということは、すなわちこれは危機なのだ。さらにもし再編が起こるならば、民主的規範をほとんど尊重しない外国人排斥的な政党の台頭もそこに含まれるだろう。ピケティが強調するように、有権者市場が多次元的に分裂していることを考えれば、今と異なる連合が出現するかもしれない（Piketty 2018）。具体的には、特にフランスとアメリカにおいては「グローバリスト」と「ネイティビスト」に再編される可能性が最も高く、イギリスでは富裕層対高学歴層という「二大エリートモデル」が継続するだろうと推測している。こうした現象は先進民主主義国でほぼ共通して観察されていることを考えれば、何か異変が起きている

と言わざるを得ない。

5・2　右派ポピュリズムの台頭

全般的に認められるのは、ポピュリスト的なムードだ。ポピュリズムは、ネオ・リベラリズムのイデオロギー的双子でもある。両者はともに、社会秩序は単一のデミウルゴス〔プラトン哲学でのカオスから物質世界を作る宇宙の創造主〕によって自生的に生み出されると主張するものだからだ。それは「市場」か「人々」かの違いであり、とりわけ後者においては「ル・プープル〔仏語〕」、「エル・プエブロ〔西語〕」、「ルート〔ポーランド語〕」など、常に単数形で表されることに特徴がある。そして、ともにこの自生的に生み出されるもので必要十分だと考えるため、制度については無関心を決め込む。両者が歴史上の同じタイミングで出現するのは当然のことなのだ。

新興政党の多くは、「反システム」や「反エスタブリッシュメント」、「反エリート」を自認する。これらは「エリート」（スペインのポデモスの言葉では「カースト」、ドナルド・トランプの言葉では「スワンプ」）が同質的な「人々」を裏切ったり、虐げたり、搾取したりするものとして政治を描くという意味において「ポピュリスト」である（Mudde 2004: 543）。こうした主張は政治の左右を問わず見られるものだ（Roodujin and Akkerman 2017）。二〇一七年のフランス議会選が示すように、中道からも出現し得る。たとえ皮肉なことに、この選挙で選出された議会は職業政治家が減っただけで、以前よりも多くの社会的なエリートに占められたとしても、である。ポピュリスト政党は、選挙に代わる別の政権選択の方法を提唱しているわけではないという意味では、反民主主義的な勢力ではない。たとえ強い指導者への切望を口にするとしても、その指導者は依然として選挙で選ばれることを望んでいる。民主主義に疑問を呈する政治勢力も存在するが、極めて少数派でしかない。ただしこうした政党はやはり左右を問わず存在し、「人々」の声を既存の代表制が圧殺していると主張し、これに代わって「人民主権」をより良く実現し（Pasquino 2008）、政府を一層「人々」に近づけることのできる（Canovan 2002）、何らかの新たな形態の民主主義が必要だと訴える。ここから国民発案による国民投票が好まれるが、それ以外の憲政改革に関する構想は曖昧である。それでも、ポピュリストの政治観は、代表制民主主義を棄却し、これと異なる「直接」民主主義へと置き換えることにつながる。つまり、ポピュリストは反民主主義的なのではなく、既存の代表制民主主義のモデルを拒否しているという意味において、反制度的なのだ。これは、二〇〇六年のメキシコ大統領選で敗北したマヌエル・ロペス・オブラドール候補が吐いた「お前らの制度なんか地獄に落ちてしまえ！」という言葉によく表れている。

経済政策においては、左派ポピュリスト政党は徹底的に平等主義的だ。右派はより曖昧で、減税と労働市場の柔軟化を望む伝統的なプチブルからの支持をつなぎとめつつ、より多くの雇用保障と所得再分配を求める製造業労働者を取り込もうとしている（Ivarsflaten 2005）。また、両者ともに極めて保護主義的だ（Guiso et al.2017, Rodrick 2017）。さらに、グローバル化に反対し、極めて反EUである点でも共通している。結果として、急進左派と急進右派の経済政策にあまり違いがない国もある。例えば、二〇一七年のフランス大統領選の極左候補であったジャン＝リュック・メランションとマリーヌ・ルペンの選挙公約を比べてみると、経済、社会福祉、労働者の権利、保護主義といった争点で似通っていた。[3]

しかし類似点はここまでで、入国管理、移民、外国人嫌悪、人種差別に関しては大きく異なっている。ポピュリスト政党の中には——西ポデモス、希シリツァなど——、多文化共生に前向きで、移民が経済発展に資すると考え、人種差別に断固として反対の立場をとる政党もある。反対に、「極右」や「急進右派」と一般的に呼ばれる政党は、ナショナリストで外国人嫌い、あるいは「ネイティビスト」である。これらは、「移民」の問題を重視する選挙戦略を採用する（Arzheimer 2013）。「国の価値」——マリーヌ・ルペンの常套句——を防衛するために、公的な社会サービスからの移民の除外、教育現場での国粋主義的指導、学食でのハラル食の禁止、服装規定の導入などが訴えられている。ここまでくると、権威主義的ですらある。多少の違和感が残るものの、ゴルダーに倣って、こうした政党を「急進右派」と呼んでおこう（Golder 2016）。

特定の政党の分類は恣意的たらざるを得ないが、傾向は明らかだ。図5・3は、欧州各国とアングロサクソン諸国の民主主義でこうした急進右派政党が台頭していることを示すものだ。[4] もっとも、この図からは国ごとの重要な違いが見えない。

現在、急進右派政党の得票率が最も高いのは、スイス、オーストリア、デンマークで、いずれの国でも二〇％を超えている。オーストリアとフランスでは、大統領選の第一回投票で急進右派の候補者が二五％以上の票を獲得した。他方、五カ国ではこうした政党は存在していないか、現時点で全く票を得られていない。傾向にもばらつきがある。急進右派政党がノルウェー、スウェーデン、ドイツで

［図5.3］ 急進右派政党への平均支持率

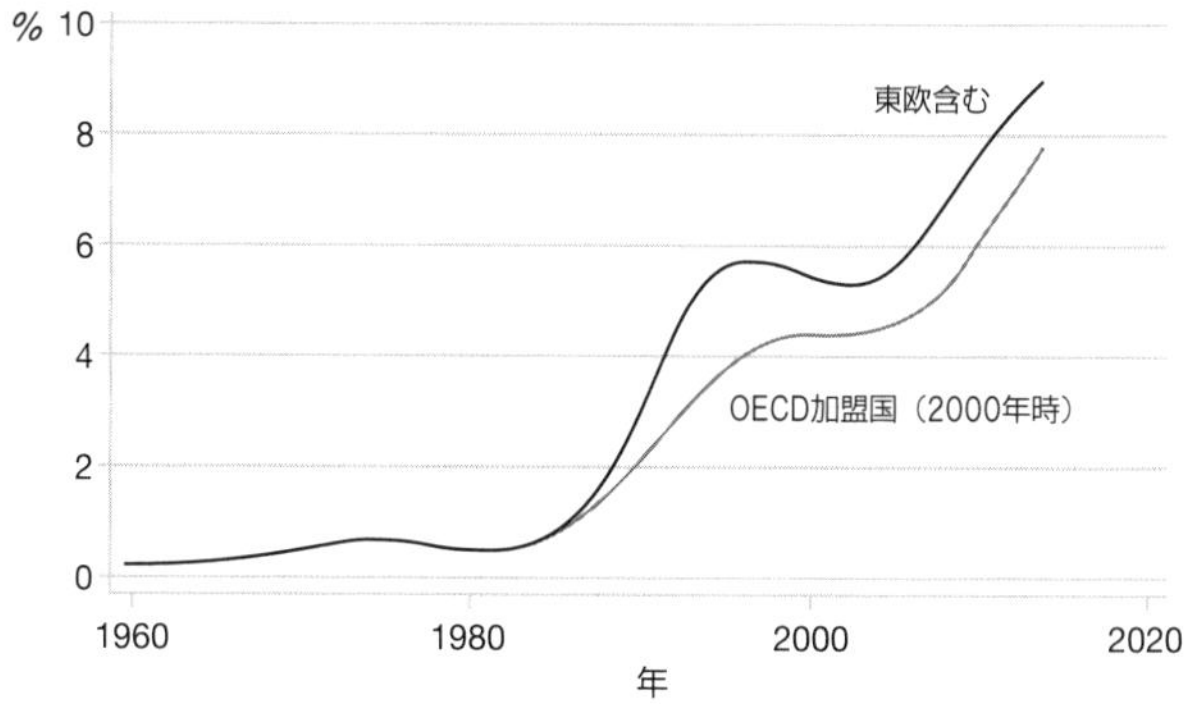

【出典】Armigeon et al. “Comparative Political Data Set” (CPDS) 2016、なおハンガリーおよびポーランドについては修正を加えた。Lowess平滑線を使用。

勢いを増したのはごく最近になってのことだが、ベルギー、イタリア、日本ではしばらく前にピークを迎えていた。問題は、アメリカ共和党をどう扱うかだ。アルミンジョンほかは共和党を急進右派に分類していないが（Armingeon et al. 2016）、今では多くの研究者が用いる分類基準をすべて満たしている。そもそもアルミンジョンほか（Armingeon et al. 2016）の分類は伝統的右派政党の急進化を視野に入れていないため、ハンガリーのフィデスやポーランドのPiS（法と正義）を急進右派に含めていないと思われる。

既成政党がそれまでの潜在的な支持者からの票を失う一方、急進右派のそれは漸増している。しかし、これは政治意識が分極化し、有権者が急進化したからなのだろうか、それとも既成政党が支持者から離反したからなのだろうか。というのも、既成政党の崩壊は、必ずしも中道的で穏健な選好の衰退を意味するわけではなく、単に政党そのものへの嫌悪感を表しているのかもしれないからだ。人々が左派、右

［表5.1］ OECD加盟国（2000年時点）における急進右派政党の得票率

国	得票率[a]	期間	最後の議院内閣制	最後の大統領制[b]
オーストリア	28.2	2008–12	26.8	35.1
ベルギー	14.0	2007–9	3.7	
デンマーク	21.1	2015–	21.1	
フィンランド	19.1	2011–14	17.7	9.4
フランス	14.9	1997–2001	14.4[c]	26.0[c]
ドイツ	12.6	2017–	12.6	
ギリシャ	14.4	2012–14	10.7[d]	
アイスランド	3.0	2013–16	0.0	
イタリア	25.8	1996–2000	4.1	
日本	14.9	2012–13	2.1	
ルクセンブルク	2.3	1989–1999	0.0	
オランダ	17.0	2002	13.1	
ノルウェイ	16.3	2013–17	15.2	
スペイン	2.1	1979–81	0.0	
スウェーデン	12.9	2014–	12.9	
スイス	28.9	2007–10	26.6	
イギリス	3.1	2010–17	1.8	

註）2017年10月15日時点。オーストラリア、カナダ、アイルランド、ニュージーランド、ポルトガルでは、急進右派は一度も得票したことがない。

(a) 直近の議会選挙前の最大得票率（選挙が複数ある場合は下院選における得票率）。フランスについては第一回投票の結果である。

(b) 大統領が直接選挙で選ばれる場合のみ。

(c) 国民戦線と「立ち上がれフランス」の合計。

(d)「黄金の夜明け」とANELの合計

【出典】Armingeon et al. (2016) および筆者独自の更新。

［図5.4］ OECD加盟国（2000年以前）における政党得票率

Lowess平滑線を使用。

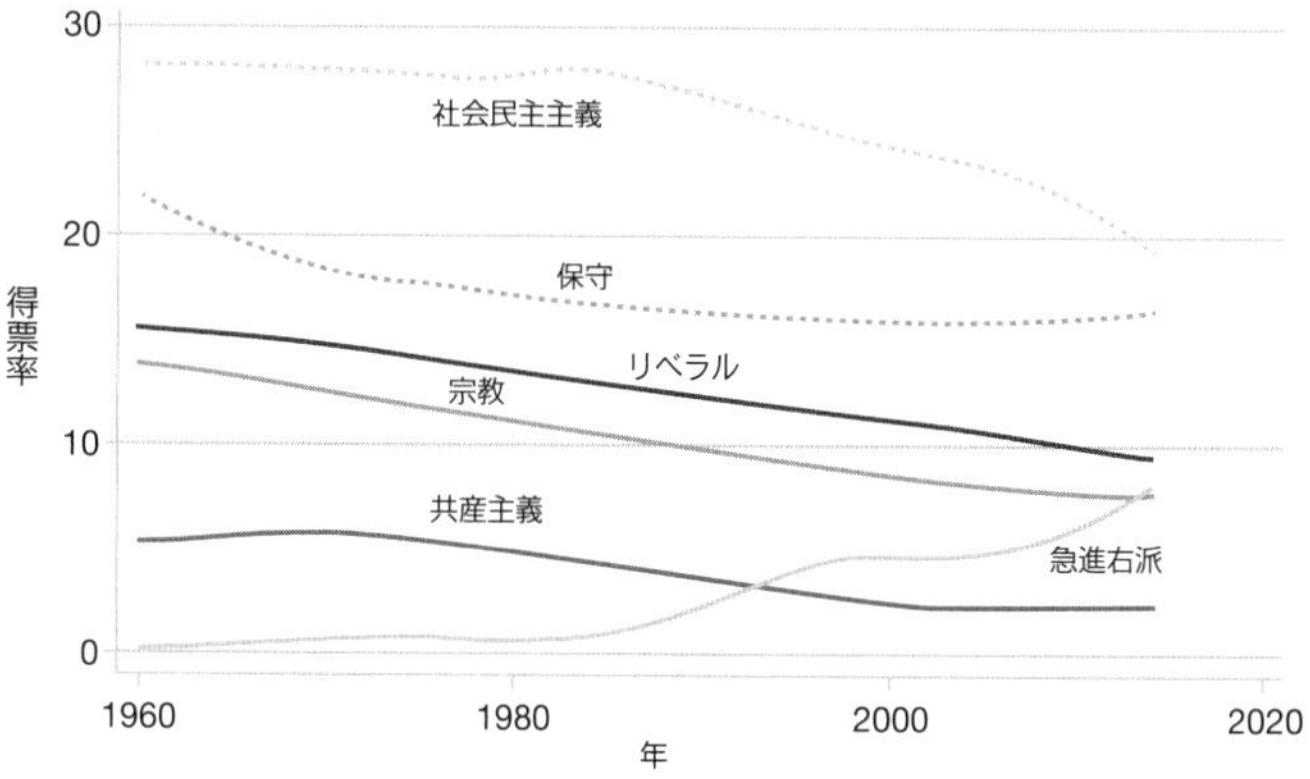

データ：Armingeon et al. 2016 CDPS

派、中道であろうが、職業政治家はみな同じで、私利私欲にまみれ、不誠実で、腐敗していると思うならば、彼らに背を向けるだろう。つまり、既成政党の崩壊は、中道の衰退と同義とは限らないはずだ。

既成政党の凋落は明白だ。図5・4では、上から順に、アルミンジョンほか（Armingeon et al. 2016）の分類による社民、保守、リベラル、宗教、共産主義の各主要政党の得票率低下を表したもので、一番低位にあった急進右派の得票率は反対に増大していることがわかる。意外かもしれないが、こうした既成政党への支持率低下は、投票率の急激な低下と重なりあっている（図5・5）。

これは単なる偶然の一致ではない。グイソほかは、投票の判断と投票先の選択が共通する決定要因であれば、投票率と右派獲得票は反比例するはずと指摘している（Guiso et al. 2017）。図5・6での投票率推移における右派獲得票を国ごとに回帰分析すると、急進右派政党が存在した二〇〇〇年以前のOECD加

［図5.5］　投票率の推移

Lowess平滑線を使用。

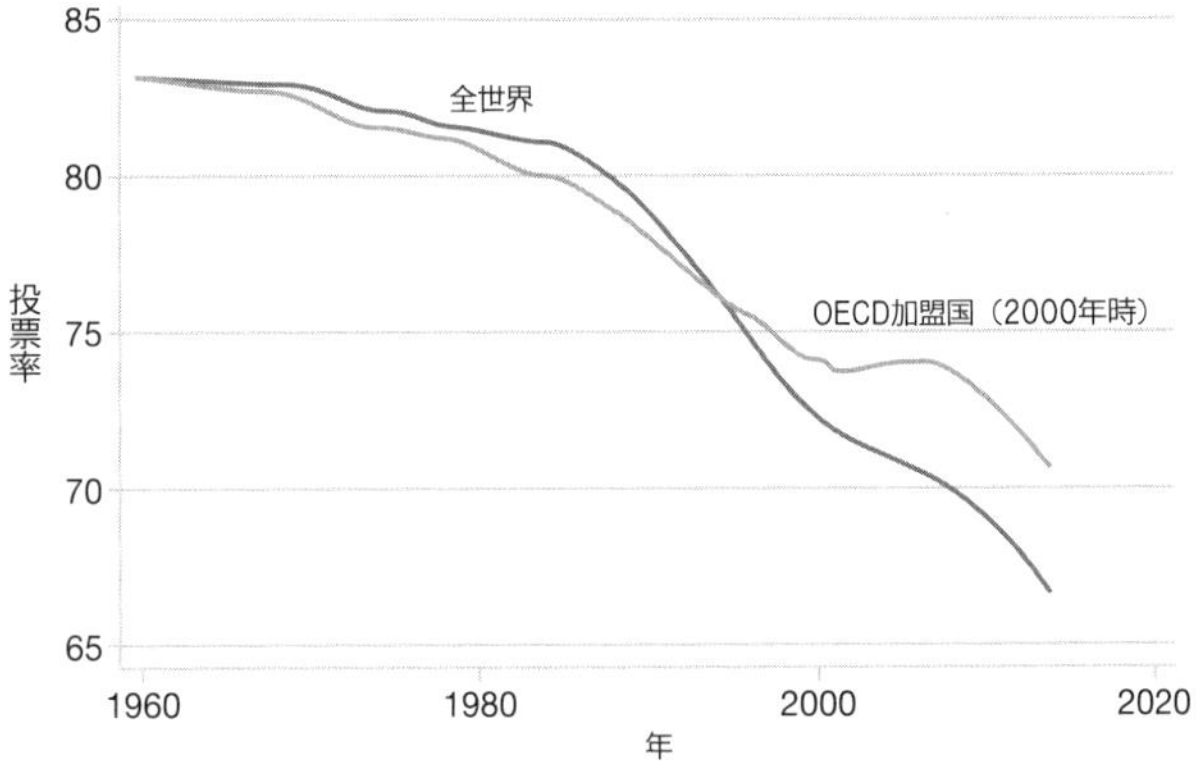

データ：Armingeon et al. 2016 CDPS

盟国一〇カ国のうち、デンマークだけが正の傾きとなっている。[5]

つまり、急進右派の得票率増加がその支持者の増加によるものなのか、それとも中道支持者の棄権増加によるものかは、入手可能なデータから判断することはできない。しかし、急進右派の得票率増加は、急進的な有権者の増加より、中道の有権者の棄権によるものである可能性が高い。

なぜ中道的な有権者は選挙から撤退する傾向があるのだろうか。必ずしも対立するわけではない、二つの仮説が成り立つ。一つは、以下のようなものだ。すなわち、一九七〇年代のスタグフレーション危機とそれに続くサッチャーとレーガンの勝利によって、伝統的な右派政党が急進化したというものだ。同じように、ミッテラン政権一期目の経済失政からなのか、どういうわけか社民政党も「右傾化」し、平等と効率、財政規律、柔軟な労働市場との間には「トレードオフ」があると言うようになった。その結果、

［図5.6］ 先進民主主義国10カ国における投票率と急進右派政党の得票割合

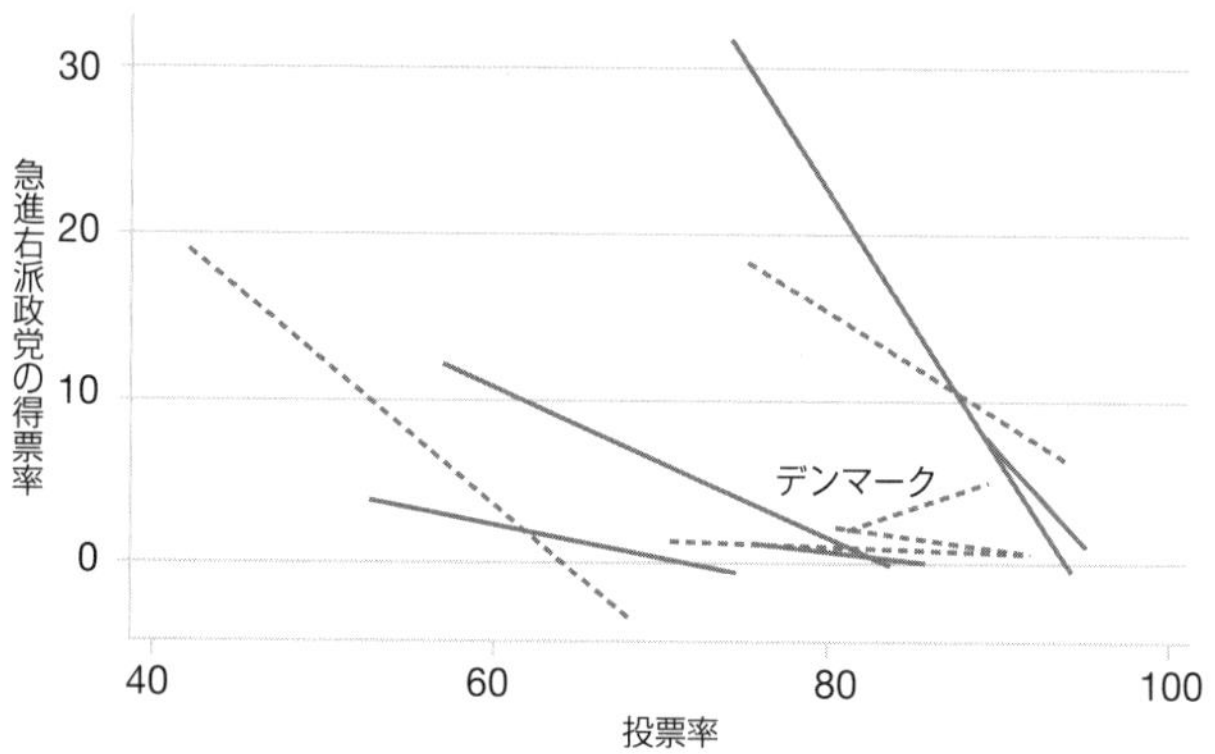

データ：Armingeon et al. 2016 CDPS

図5・7で確認できるように、二〇〇八年の金融危機以降は若干上向いているものの、中道左派と中道右派の二大政党間のイデオロギー距離は、冷戦終結後に急速に縮まった。

もっとも、左右の対立軸における政党公約の収斂だけが唯一の説得力のある説明ではない。リプセットは、政治意識は「権威主義」を加えた二次元であると過去に指摘していた[6]（Lipset 1960）。オルブライトによれば、単一の左右の対立軸は「政党の行動を説明するのにもはやそぐわなくなってきている」（Albright 2010 : 714）のである。多くの国では経済政策が依然として政党間競争の主要な争点ではあるものの（Huber and Inglehart 1995; Wagner 2012）、一九七〇年代以降は社会文化的争点の比重が増している（Inglehart and Flanagan 1987）。さらに、多くの国で文化的次元と経済的次元はもはや連関しなくなってきており、政治空間は左右の単次元では表せず、二次元で描写すべきであるとも論じられている（Kitschelt

［図5.7］　中道政党間のイデオロギー距離

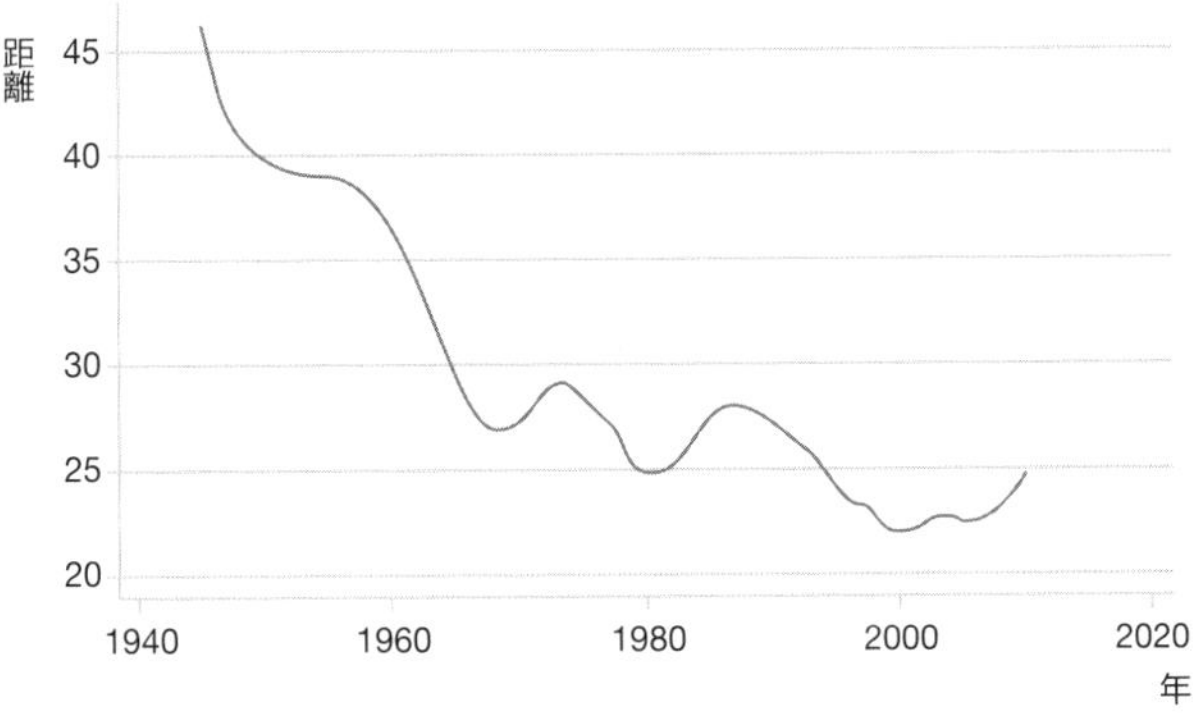

データはマニフェスト・プロジェクトによるもので、Jose Maria Maravallの好意により提供を受けた。イデオロギーの尺度は左派が-100、右派が＋100である。西欧諸国に加え、オーストラリア、イスラエル、日本、ニュージーランドを含む。Lowess平滑線を使用。

1994, Kriesi et al. 2006, 2012, Marks et al. 2006)。ブラディほか（Brady, Ferejohn, and Papano 2017）は七カ国を対象に、支持者の望む以上の移民受け入れ推進策を既成政党が採っていることを発見し、この乖離こそが政党の弱体化につながっているとしている。「移民問題は主要政党――定期的に政権与党の座につく政党――とその支持者との間に楔を打ち込んでおり、それは既成政党の内外で新たな勢力が付け入る広大な空間を作り出している」のである。長きにわたって、急進右派のレトリックは「彼らはあなた方から雇用を奪っている」というものだったが、最近では「あなたが彼らのためにお金を払っている」という路線になり、「中間層」が貧者、とりわけ移民や肌の色の違う者たちの福祉を負担しているというものになってきている。トランプは二〇一六年に「不法移民の世帯は、ネイティブ・アメリカンの世帯よりもはるかに多くの連邦福祉給付金を受け取って」おり、「私はこれを糺してみせる」と自身のフェイスブックに書いた。ブラディらが言うように「移民問題は、本来は別の原因があるはずの事態をわかりやすく表面化させる」のだ（Brady Ferejohn, and Paparo 2017: 3）。つまり、左右の距離に関係なく、既成政党は移民問題に関して有権者の選好との乖離を大きくしたことで支持者を遠ざけてしまった、というのがもう一つの仮説となる。

まだ解決していない問題は、なぜ中道の諸政党は、どのような争点であれ、この第二の次元で有権者と距離を置いたままであるのか、というものだ。ダンシジアは、外国人嫌悪の選好に対応すると、彼女のいう「コスモポリタン」な有権者を取り逃すことになり、これらの政党にとって得票面で損失が大きいからだ、という説得的な議論を展開している（Dancygier 2017）。つまり、中道の諸政党は潜在的な支持者の一部の票を得るか、それとも他の有権者層からの票を失うかのトレードオフに直面することになる。そこで、選挙で有利になる場合は外国人排斥の態度を表明し、伝統的な支持基盤を失いそうになる場合にはこれを控えるということになる。だがいずれの場合でも、たとえ潜在的な有権者からの得票率を最大化したとしても、動かせる範囲には限界がある。したがって均衡状態では、文化的次元において一部の有権者層から距離を置いたままなのだ。

まとめに入る前に、フランスについてもう少し詳しく見ておくのがよいだろう。まずフランスの世論調査において「左派と右派という概念は時代遅れだ」という回答者は、二〇一三年の五七％から七一％へと大幅に増えているものの、九四％は依然として左右のいずれかに自身を位置づけることができるとしている（Hastings 2018）。ロシアを除くヨーロッパ人全体でも、九一％が同じく自身を左右次元の上に位置づけられるとしている（Cautrès 2018）。過去四〇年間に数回の政権交代を経験したフランスでは、いずれの政権も失業率の削減に重点的に取り組んだが、それでもこれが九％を下回ることはなかった。タンチュリエが述べているように、こうして有権者は政治が果たして自分たちの生活の何か変えることなどできるのかと疑問に思うようになっているのだ（Teinturier 2018: 65）。二〇一三年以降、フランス人の七五〜八三％が「自国の民主主義はあまりにも機能しておらず、自分の考えが十分に代表されていない」と感じている。さらに約三分の二が「多くの政治家は腐敗している」、八三から八九％が「政治家は主として個人の利益を優先している」と感じている。四〇％の者にとって政治とは「失望」、二〇％にとっては「嫌悪」、一三％にとっては「怒り」、九％にとっては「無関心」の対象となっている（以上の数字はいずれも Teinturier 2018 による）。議会選挙では一九八〇年代から、大統領選では二〇〇七年から棄権が急増している。これらの傾向を総合すると、左右の対立軸は従来通り重要であるものの、多くの有権者は単に既成政党に愛想を尽かしているということがわかる。

同時に、争点空間が単次元的ではないということも一般的な認識になってきている。フーコーは、その構成要素を特定したり、経済的次元との関係性を示したりはしていないものの、政治学者イングルハートに倣って第二の次元は概ね文化的なものだと指摘している（Foucault 2018）。ちなみに、ミシェル・ウエルベックの挑発的な小説である『服従』では、世俗的な共和主義連合と対決するカトリックとイスラム教の宗派連合の脅威が扱われている。この点について、私が知る限り唯一の確かな実証を行っているのはピケティだ（Piketty 2018）。彼は出口調査結果を用いて、有権者を再分配と移民に対する賛否に基づいて分類し、二〇一七年にはこの四象限にほぼ均等に有権者が存在していることを突き止めている。このように、移民問題は左右の対立軸とは別個に人々を分断する争点となっているのは確かだが、これ以外にどのようなものがあるかは明らかでない。

フランスの二〇一七年大統領選では、伝統的左派の総崩れがみられた。通常の支持者層である一八〜三九歳有権者の間では二〇一二年の三一％から七％に、高卒より上では三三％から七％に、公務員では四一％から八％へと得票率が低下した。しかし、社会党が失った票の大半は右派ではなく、極左と中道に流れていた。またこの選挙は、労働者層が左派よりも極右（国民戦線）に多くの票を投じた初めての選挙となったが、とはいえ彼らの中では棄権者が最多だった（以上は Foucault 2018 に基づく）。

結局これらのデータを見ても、近年のフランスの政治的変化が既成政党に対する不満——代表制の危機——によるものなのか、あるいは経済的次元と異なる何らかの第二の次元が重要になったことによるものなのかを判断するのは難しい。ピケティは、宗教的次元の重要性が低下しているのと同じく、フランスでは移民が「多すぎる」とする有権者の割合が、時代を経るにつれて実際には低下していると指摘している（Piketty 2018: 26-7）。つづめていえば、伝統的な中道左派と中道右派の事実上の消滅が起きたのは、有権者が政治家に対して愛想を尽かしたからなのか、それとも移民問題をめぐって有権者との距離が開きすぎてしまったからなのかは定かではないのである。

フランス以外にも目を向ければ、ヨーロッパ各国で伝統的な中道政党への支持が減少し、その支持者が棄権に回るとともに、必ずしも絶対数ではないものの、急進右派の得票率が増加していることがわかる。こうした変化が、どの程度まで政党や政治家への忌避感によるもので、どの程度まで第二の対立軸における「文化的」次元の出現によるものかを測定するのは難しい。第五章第一節での主張の繰り返しになるが、政党政治の否定は一過性の現象に過ぎないかもしれない。例えば、今のところフランスで見られるように、従来の政党に取って代わって新たな中道政党が中道支持者を動員し、有権者が急進右派へと惹きつけられるのを防ぐかもしれない。だが、この先も中道の諸政党が衰退して外国人排斥的なポピュリスト政党が勢力を拡大し続ける可能性や、伝統的な中道政党が自ら急進右派の政策的な立ち位置に接近することでしかその台頭を阻止できないという可能性も否定できない。

5・3　意識調査にみる民主主義支持の低下

民主主義に対する支持の低下、すなわち「民主主義の脱定着」や「民主主義の後退」の証拠として様々な意識調査が引き合いに出されている。特にフォアとモンクは、調査した六カ国で若年層が「民主主義国に生きることが不可欠」と考えなくなっていることに警鐘を鳴らしている[7]（Foa and Mounk 2016）。さらにアルミンジョンとガットマンは、EU加盟国二六カ国における七八の調査から、二〇〇七年と二〇一一年時点での民主主義への支持の推移を分析している（Armingeon and Guthman 2014）。その結果、支持は二〇カ国で低下、六カ国で上昇しており、全体の平均値は七・二％減少していたという。なかでも支持が最も低下したのは、二〇〇八年の金融危機で最もダメージを受けた国、とりわけギリシャとスペインの二カ国だった。この二〇〇八年危機の影響は長期的に見るとばらつきがあるものの、世界価値観調査が実施した「民主主義」「専門家」「軍隊」「強い指導者」を信頼するかどうかを尋ねた調査でも同様の影響を見て取ることができ、また九五〜九八年の調査以来、民主主義の相対的地位が最も急激に低下しているのはアメリカであることもわかっている（Weakliem 2016a）。また、信頼低下は代表制機関だけでなくその他の機関にも及んでいることも各種調査で明らかになっている。少なくともアメリカにおいては、新聞、テレビ、銀行、大企業、宗教、学校、医療機関への信頼も急激に低下している（Weakliem 2016a、ギャラップ調査に基づく）。

これらの数字は民主主義の危機の兆候なのだろうか。もしこれらの数字をもとに危機にあると定義できるのであれば、ただの同語反復ではないのかという点は、研究者たちによって頻繁に指摘されていることではある。では、民主主義の崩壊の予兆として捉えるべきなのか。こうした数字が「民主主義に対して警鐘を鳴らしている」とする人気記事の見出しを、至るところで見かける。もっとも、これらの数字には気が滅入ってしまうが、それが何かを予言していると言える根拠は一切ない。チリでクーデタが起きる半年前には、「チリにクーデタが必要だ」と考えていた国民は二七・五％に過ぎなかった（Navia and Osorio 2018）。民主主義には民主主義者が欠かせないのか、その存続が個人の意識にかかっているのかは、議論の余地がある。仮にそうだとしても、意識調査での回答と民主主義の侵食との間の因果関係は、政党の行動に左右されるはずである。

つまり、意識調査の結果は参考に値するとしても、何かを予測するものではない。例えば、「民主主義」が最良の統治形態であるのか、あるいは自国が「民主的」に統治されることが不可欠なのかと尋ねられた時に、異なる国や異なる時代の人々が「民主主義」をどう理解しているかは誰にもわからない。エリートは民主主義を制度として理解しているが、一般人は多くの場合それを「社会的・経済的平等」の意味で捉えていることがいくつかの調査から明らかになっている。さらに、最近の調査では多くの人々が「強い指導者」や、政党に属さない「専門家」による統治を望んでいることがわかっているにせよ、その指導者や専門家を自らの手で選びたくないのかは不明だ。選挙を通じて政府を選ぶのは嗜好の一つだが、一度身につくと手放せなくなるものだ。政府が効果的に機能することを望み、人々の生活を改善する能力があり実績を上げることを期待するからといって、政府を選び、失敗した場合には交代させるような権利を放棄することを意味しているわけではない。最後に、過去三五年間に様々な先進国で行われた調査で示される民主主義への支持の程度にはばらつきがあるものの、民主主義の崩壊をみた国は一つもないということも重要だ。確かに、政党や議会、政府を信頼する人々がわずかで、民主主義が最良の統治システムであるという信念が一般人の間で薄れ、強い指導者や専門家による統治が切望されているとすれば、不安にならないわけではない。しかし、こうした調査への回答から民主主義の完全崩壊を予測することなど全くできない。つまり、意識調査の結果から民主主義の生存可能性を推論すべきではないのである。

第六章　考えられる原因

アイルランドにこんなジョークがある。二人の観光者がアイルランドで旅行中に道に迷ってしまった。彼らは畑で耕作している農夫に「ここからダブリンまでどうやって行けばいいのか」と尋ねた。すると農夫はこう答えた。「まず、ここから出発しちゃいけない」と——では、どこから話を始めればよいのだろうか。民主主義が危機に陥っている理由はグローバリゼーション、テクノロジーの変化、階級間妥協の破綻、移民問題、一部の反乱的な政治家たちによる差別の追認、はたまた別の何かにあるのか。本章の目的は、考えられる原因の一覧を作ることであり、それらの正否を問うことにはない。因果関係の特定につきまとう問題は、次章で提起することになる。

6・1　経済——所得の停滞、不平等、流動性

直感的には、経済問題から始めるのがよいだろう。過去数十年間の経済発展は、二つの影響をもたらすことになった、おおまかに三つの変容に特徴づけることができる。その変容とは、（1）先進国の成長率の低下、（2）個人間や世帯間における所得不平等の拡大および製造業における労働分配率

［図6.1］　OECD加盟国（2000年以前）における一人当たり所得の伸び率

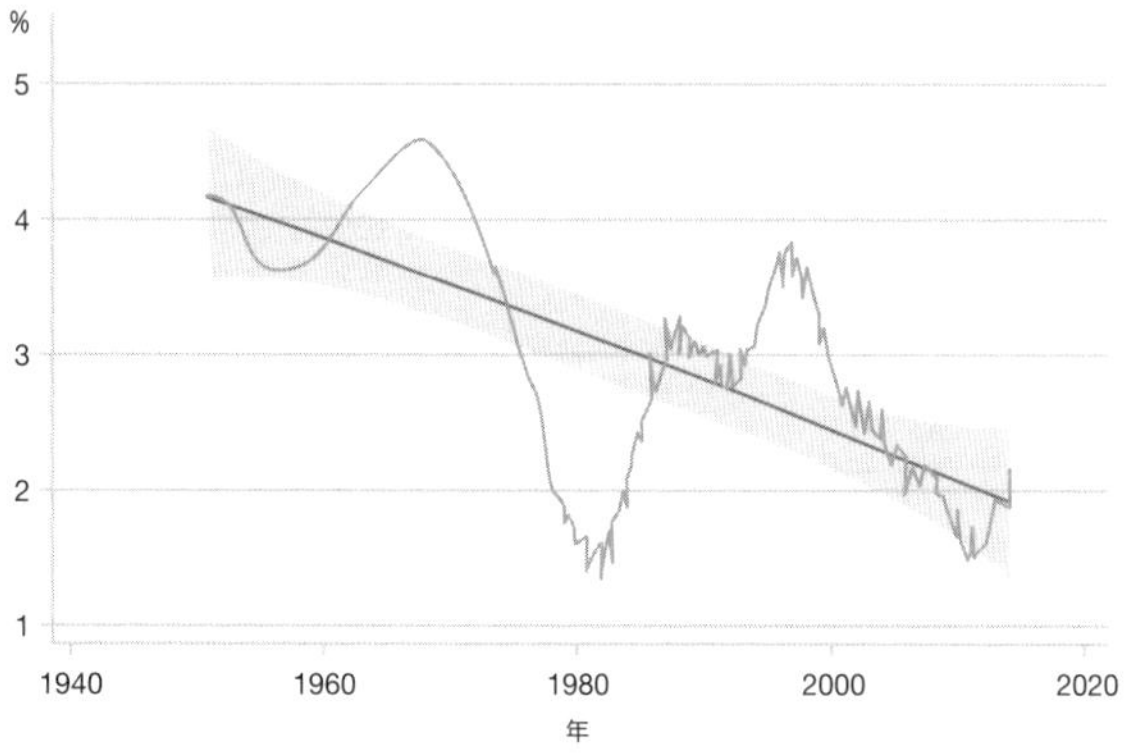

註）不規則な線はLowess平滑線、適合線は95%信頼区間を持つ分数多項式回帰を示す

の低下、そして（3）工業における雇用減少とサービス部門、とりわけ低賃金のサービス業の増加である。以下にいくつかの証拠がある。

二〇〇〇年以前にOECDに加盟していた先進民主主義国の成長率は、第二次世界大戦終戦直後の四%から、現在は約二%まで落ち込んでいる。図6・1は年次平均とその推移を示したものだ。また、図6・2が示すように、国内における不平等の平均は急激に上昇している（二〇〇〇年以前のOECD加盟国にはほぼ一致してみられる状況である）。図6・3は、労働分配率の平均が一九八〇年あたりから急落していることを示している。また図6・4が示すように、先進民主主義国では工業の平均雇用は絶対数で経時的に減少したが、サービス業の雇用者数が増加した。

成長率低下と不平等拡大が重なったことによる第一の影響は、低所得層の滞留である。これは、図6・5に描かれるように、例外的にアメリカで

［図6.2］再分配前の平均ジニ係数、
ヨーロッパ・日本・オーストラリア・ニュージーランド

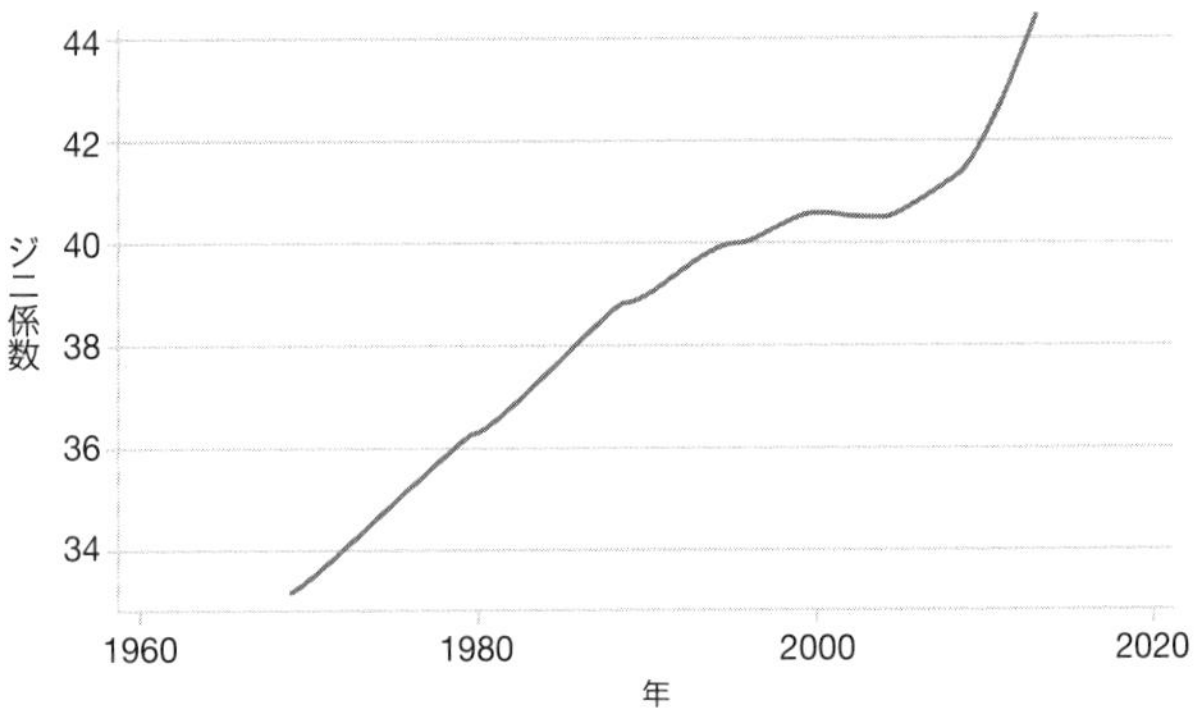

【出典】Armingeon et al. 2016 CDPS. Lowess平滑線を使用。

［図6.3］ OECD加盟国（2000年以前）における平均労働分配率

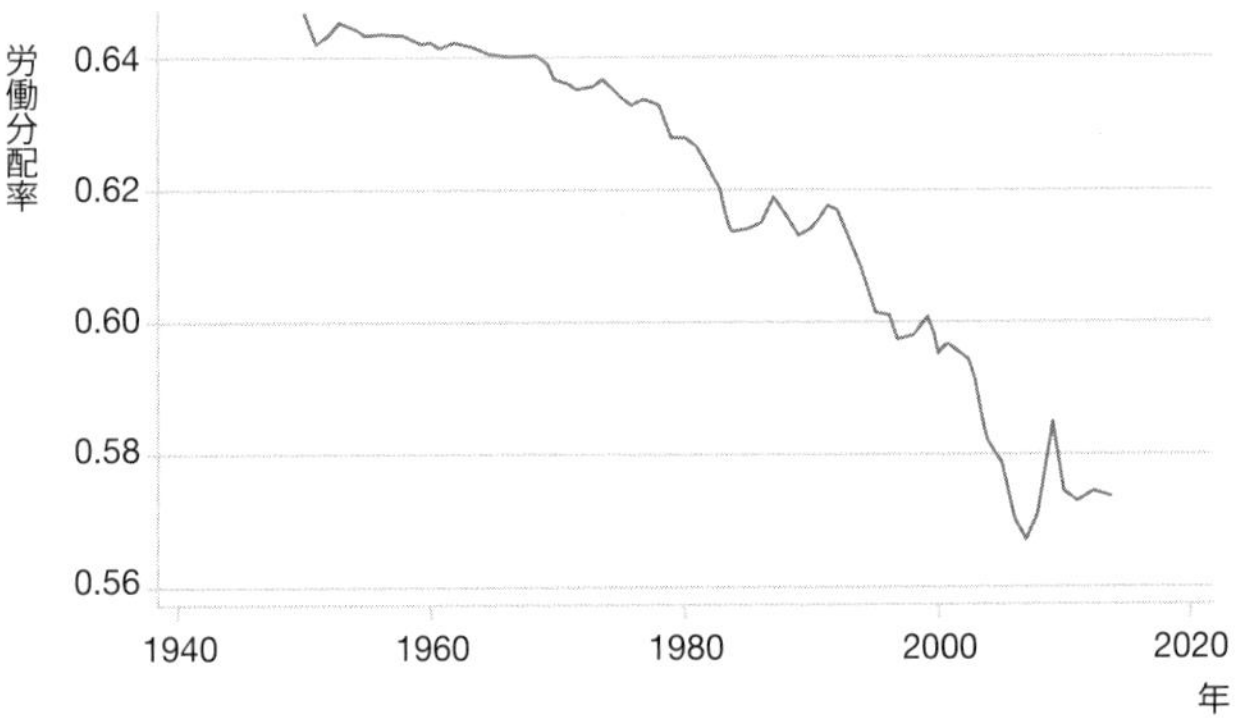

［図6.4］ 部門別平均雇用率の推移、絶対値

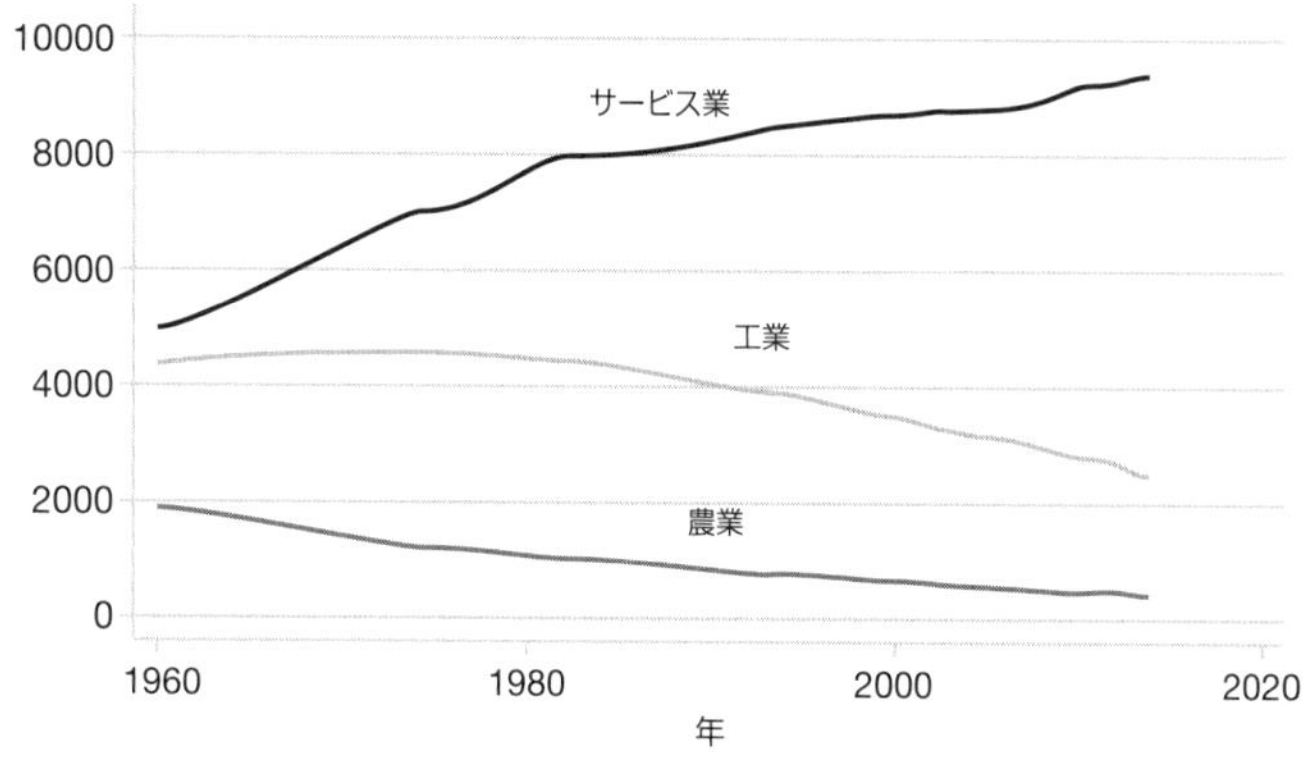

【出典】Armingeon et al. 2016 CDPS. Lowess平滑線を使用。

は長期間にわたって続いている。二〇〇〇年時点でのその他のOECD加盟国では、状況がやや異なっている。図6・6のように、所得上位一〇%層と下位一〇%層の所得の隔たりは、一九八〇年代以降に急激に拡大した一方、二〇〇八年の危機に見舞われるまで、中央値以下の所得は全所得階層で漸増し続けていた。

第二の影響は、物質的進歩に対する期待の衰退である。ピュー・リサーチ・センター（二〇一五年春の世界意識調査）によれば、アメリカでは六〇%、ヨーロッパでは六四%の回答者が、自分の子どもは自らよりも経済的に苦しくなると考えているとしている。さらにこれは単なる認識上の話では済まない。チェティほかの算出によれば、一九七〇年にはアメリカの三〇歳の九割は彼らの親よりも暮らし向きが良くなっていたが、二〇一〇年にその割合は五〇%に下がっている（Chetty et al. 2016）。世代間進歩という深く根付いたこの信念の崩壊は、文明規模の現象であ

［図6.5］ 実質世帯収入の推移、1967-2011年

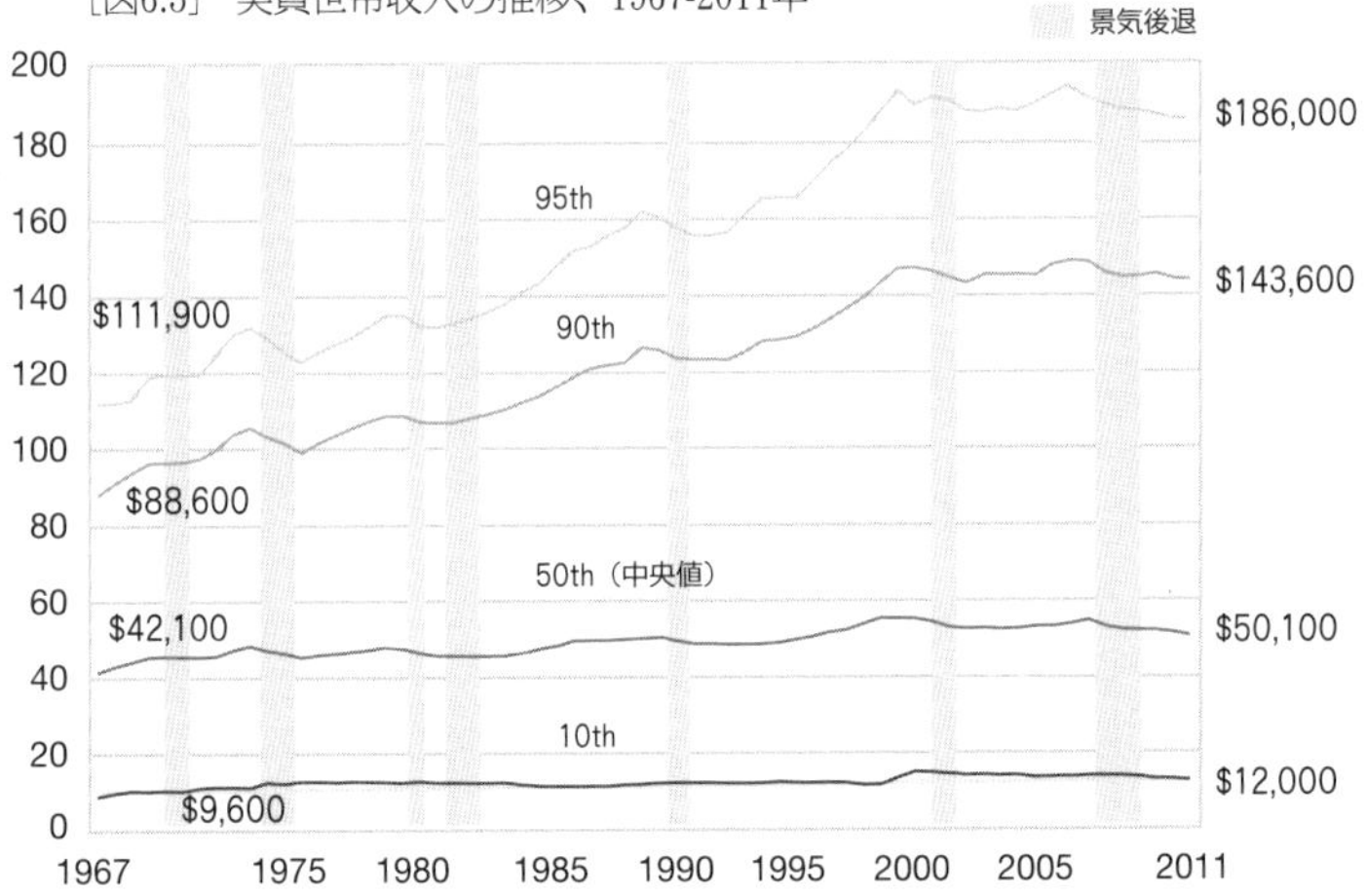

【出典】アメリカ合衆国国勢調査局

る。物質的な進歩への期待は、過去二〇〇年間の西洋文明を構成する本質的な構成要素だったからだ。一八二〇年頃から、欧米のどの世代も自分たちの親よりも良い暮らしを送るようになっていたし、それを期待してもいたが、こうした信念が打ち砕かれつつある。これは間違いなく、文化的かつ政治的に重大な影響を及ぼしかねない変容だ。

こうした経済的な変容はなぜ生じることになったのか。二つの仮説が明快かつ有力である。一つ目は「グローバル化」、すなわち中国の改革開放と重なりあった、商品市場と資本市場の自由化だ。二つ目はブルジョワの「自主クーデタ（アウトゴルペ）」、つまり階級間妥協の破綻である。いずれの出来事も、一九七八年から一九八〇年頃に起きたものであり、明瞭に特定できるものだ。両者は関連するかもしれないし、そうでないかもしれないが、ここでは二つを別々に論じることにしよう。

中国の影響は、多くの議論の的となっている。

［図6.6］ OECD加盟国（2000年時点）における平均所得の推移（アメリカを除く）

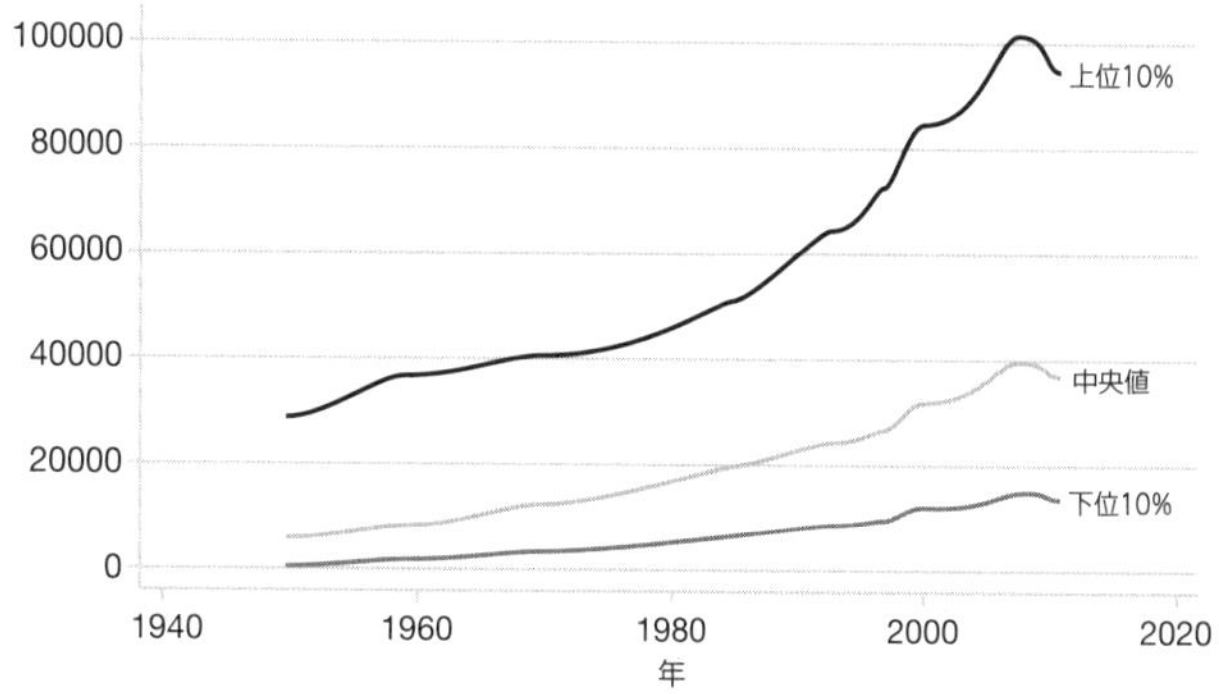

【出典】PWT9.0およびWIDERから算出、2011年のドル購買力平価、Lowess平滑線を使用。

オーターほかは、輸入品と競合する産業を抱える国内労働市場では、輸入増により失業率の上昇、労働力率の低下、そして賃金の引き下げが起こると結論づけている（Autor et al. 2013; Acemoglu et al. 2016も参照）。彼らは、アメリカの製造業での同時期の雇用減少の四分の一が中国からの競争品の輸入によるものだとしている。もっとも、ロスウェルはこのオーターらの推計に疑問を投げかけ、外国との競争は国内での競争よりも失業リスクを大きく高めるようには見えず、外国との競争に最も晒される地域に住む人々の暮らしは概して悪くなったとはいえない、と結論づけている（Rothwell 2017）。ロスウェルとディエゴ＝ロセルは、「意外なことに、輸入品や移民労働者との競争により多く晒されることと、トランプ陣営に象徴されるアメリカのナショナリズム政策への支持とのあいだには、全く関連性がないようだ」と述べている（Rothwell and Diego-Rosell 2016）。また、ミャオは輸入競争が価格引き下げを伴うことを

［図6.7］ 生産性と労働報酬の乖離（1948-2014年）

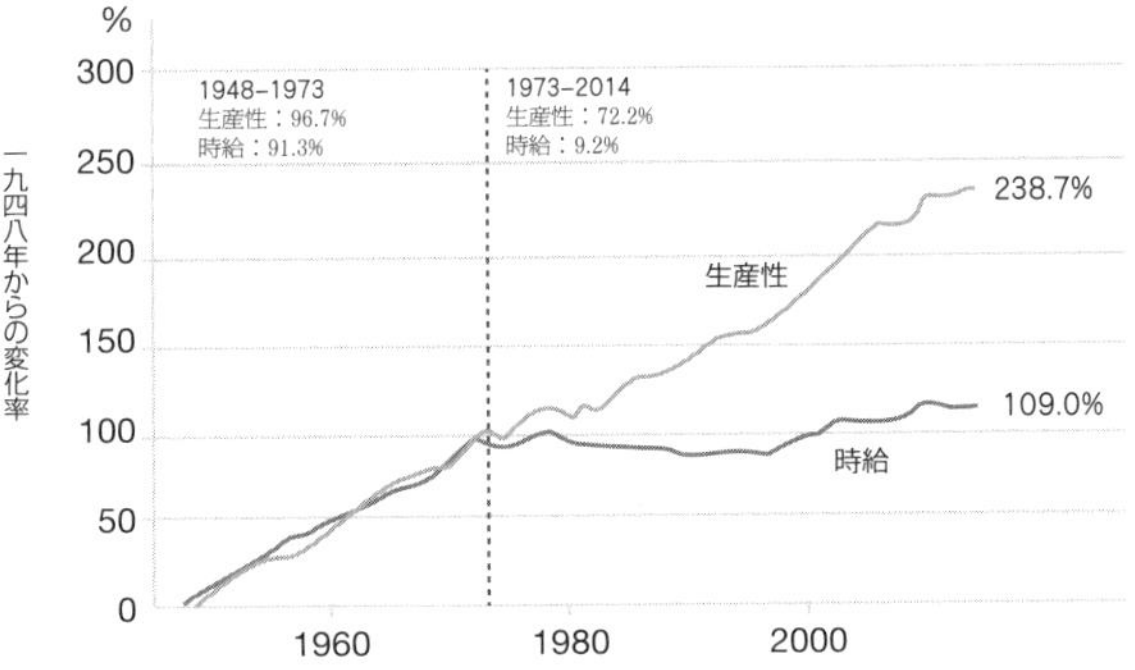

註）民間部門の生産労働者・非管理職労働者の平均時給と、経済全体の純生産のデータ。「純生産」とは、財・サービスの生産高の増加量から労働時間当たりの減価償却費を差し引いたもの指す。

【出典】Economic Policy Institute

指摘し、対中貿易によって多大な利益があったことも明らかにしている（Miao 2016）。さらに最近の研究レビューの中で、ヘルプマンは、賃金不平等の拡大が主として貿易財以外の要因によるものと結論づけている（Helpman 2016）。したがって、経済学者たちは見解の不一致を排する必要があるだろう。はっきりしているのは、グローバル化の結果として一部の人々が損失を被り、再分配等の政策を通じた補償の恩恵に預かれなかったということである（Rodrik 2017）。

もう一つの説は、階級間妥協の破綻だ。驚くべきは、図6・7に描かれているアメリカの状況である。すべての図ではないものの、一九九九年以降は他先進国でも同様の状況がみられる（図6・8）。別の資料によれば、ドイツでは一九九七年、日本では二〇〇二年に、イギリスでは一九八八年から同じことが起きている。

一九七八年頃までは生産性の上昇にほぼ連動して

［図6.8］ G20先進国における生産性指数と賃金指数

註）労働生産性は、就業者1人当たりのGDPとし、各国ともに購買力平価GDP（2005年の恒常ドル）を用いた。G20先進国にはオーストラリア、カナダ、フランス、ドイツ、イタリア、日本、韓国、アメリカ、イギリスが含まれる。両指標ともにG20先進国全体の労働生産性と有給雇用の規模を考慮した加重平均による。　【出典】ILO

賃金上昇がみられたため、所得の機能的な分配は安定して推移していた。工業労働者は国の保護する労働組合に組織され、完全雇用がほぼ実現しており、労働組合は労働市場に対して独占的な権力を有していた。しかし、組合が十分に集権的な場合、過度な賃上げ要求が企業投資を控えさせることを予見して、賃金は常に抑制された。政府の政策も、過度の所得課税は投資と将来の消費の減少につながるとされたため、同様に制約的なものとなっていた。また、企業は節度ある賃上げ要求や課税の要求を受けて、投資だけではなく、組合や民主主義とも共存することができた。結果として、自ずから「民主的な階級間妥協」が生まれることになった。そして、政府は市場を規制し、社会サービスを提供し、投資と技術革新にインセンティブを与えることで、この妥協を管理できたのである。

　この妥協は、イギリスとアメリカにおいて組合を第一の標的にしたサッチャーとレーガンの勝利に

［図6.9］OECD加盟国（2000年以前）における労働組合組織率

Lowess平滑線を使用。

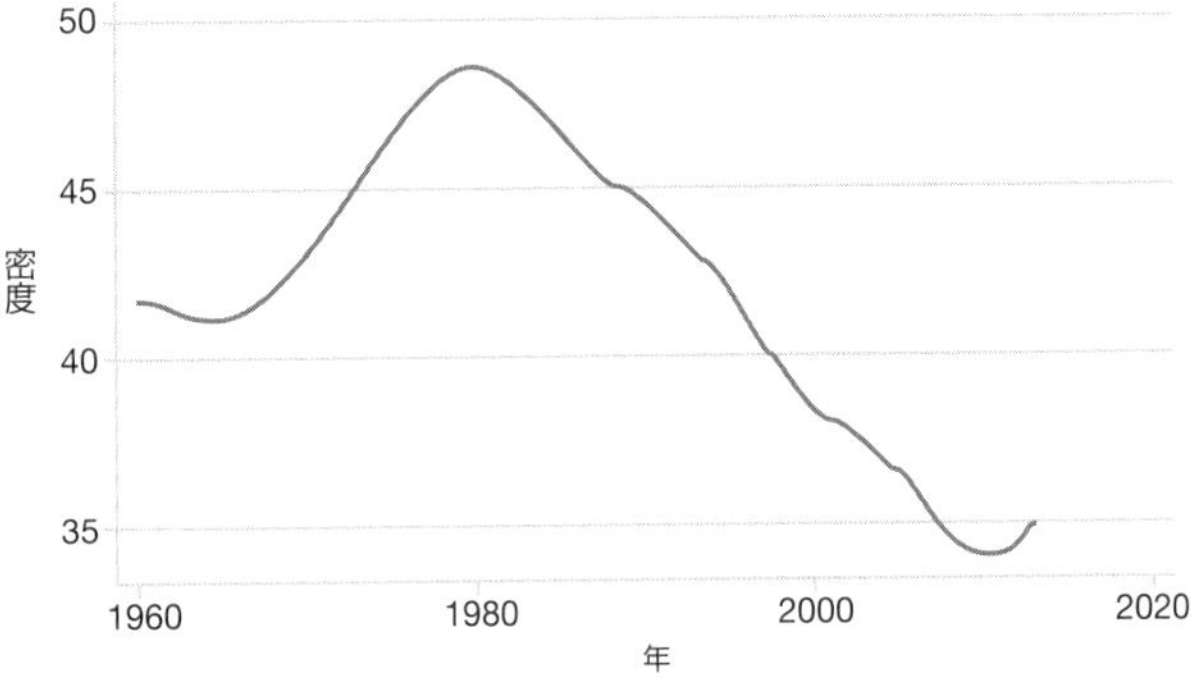

【出典】Armigenon et al. 2016 CPDS

よって打ち砕かれ、[1] 他の多くの国でも徐々に侵食されていった。図6・9が示すように、結果として組合の平均組織率は、ピークだった一九八〇年から二〇一〇年までに、一〇ポイント以上も低下した。サッチャー政権の最も重大な政策は、資本勘定の密かな自由化だろう。これは再分配と成長との間のトレードオフ関係を変化させたことで、二大政党はそれまで提示できていた再分配の幅を縮小せざるを得なくなった（Dunn 2000）。サッチャー女史が政権に就いた一九七九年の選挙では、資本勘定の自由化は論点にすらなっていなかった。しかし、ひとたびそれが決定されると、実行可能な政策の枠組み全体が移動することになった。周到に計画されたこの右派による攻勢は、あらゆる種類のシンクタンクに強力に提唱され、国際金融機関でのアメリカの影響力を通じて強引に広められ、「ワシントン・コンセンサス」として体系化された点は強調されるべきだろう。

　原因が何であれ、オートメーションとともに、こうした一連の変化は勝者と敗者を生み出すことになった。参考までに、次のように整理しておこう。（1）実際の敗者とは、製造業の中で生活給を得られる安定した仕事を失い、より低賃金のサービス業に転職した者、退職を余儀なくされた者、あるいは長期失業者となった者、（2）将来的な敗者とは、こうした運命を恐れている者、（3）勝者でない者とは、自営業や伝統的なプチブルらを中心とする、物質的条件があまり変化しなかった者である。そして（4）勝者とは、いかに隠匿されていようとも、利益所得の受け手のことを指す。

6·2 分断——分極化、人種差別、敵意

政治的分断の激しさについて語る際、二つの異なる側面を考慮しておかなければならない。まず（1）一般的な政策次元（アメリカではリベラルと保守、ヨーロッパでは左派と右派）、あるいは移民といった特定の論点に関する選好の分布についてである。こうした分布は「分極化」という言葉で表すことができる。つまり、個々の選好によって内部が同質的で互いに離れた集団に人々が分け隔てられる場合、ある集団は分極化していると定義できる（Esteban and Ray 1994）。次に（2）ある選好を持った人々が、他の集団の構成員に対してとる、もしくはとらない行動についての定義だ。これは重要な点だ。なぜなら、同じイデオロギー的特性を持つ人々は、自分と意見を違える人々に対して異なる態度をとり、彼らに対して敵対行為を行うか否かを決めるからだ。

図6・10に描かれているように、アメリカでは党員間のイデオロギー距離が過去二三年間で急激に

［図6.10］民主党と共和党は過去にないほどにイデオロギー的分極化している

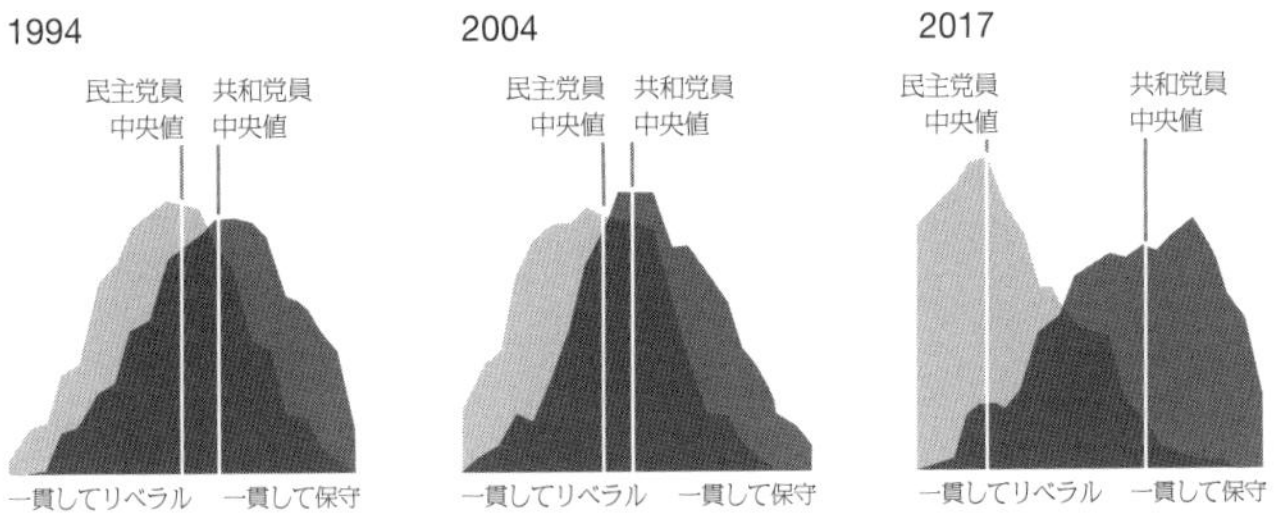

註）イデオロギー的一貫性は、政治的価値観に関する10項目の質問に基づいている（調査方法参照）。 薄いグレーのエリアは民主党員ならびに同党寄りの無党派であり、濃いグレーのエリアは共和党員ならびに同党寄りの無党派である。この2つが重複するのが黒のエリアである。

【出典】Pew Research Center (www.pewresearch.org/terms-and-conditions).

拡大している。ヨーロッパ諸国では多党制が一般的であり、有権者は左右の対立軸でいくつもの立場に分かれる諸政党から選んで支持するため、同じことが起きているのかを見極めるのは難しい。複数の政党が存在する以上、各党の支持者はより均質的であると予想されるが、全体的なイデオロギー距離を把握することはより難しくなる。実際、有権者が中道から離反しているという確証は、アメリカ以外では得られない。メディナによるヨーロッパ一八カ国の研究によれば、左右の対立軸における個人の立場の分布は、中央に大きな山、そして中央から左右に小さな山を持つ三峰性の傾向を見せている（Medina 2015: 図1）。二〇〇二～二〇〇三年から二〇〇八年の間、平均の位置は六カ国で左に、同じく六カ国で右に動き、他の六カ国では統計的に区別できないままだった。分極化という点では、中央の山の大きさは七カ国（ベルギー、

［図6.11］ かつて移民は党派的争点ではなかった

（共和党員の多くが移民はアメリカ社会にとっての「負担」とみなしている）

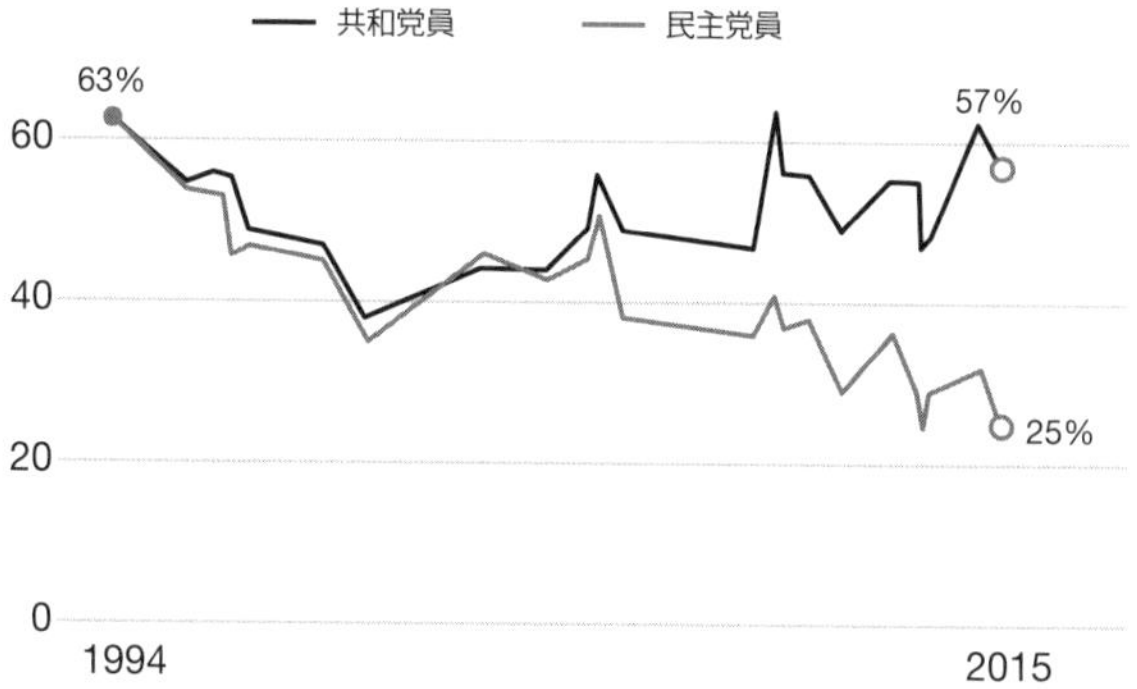

【出典】Pew Research Center (www.pewresearch.org/terms-and-conditions).

チェコ、デンマーク、フィンランド、ドイツ、ポーランド、スロヴェニア）で縮小し、三カ国で拡大、八カ国では変わらなかった。また、モラルとベストによれば、市民の分極化はオーストリア、デンマーク、スウェーデン、そしてアメリカで拡大したものの、ドイツとオランダでは縮小したという（Moral and Best 2018）。つまり、一部の国の人々が中道から離反したのだとしても、それはヨーロッパ全体の傾向ではない。

図6・11が示すように、分極化の拡大はとりわけ移民問題に関して明らかだ。移民、特に一部の国での難民の流入は、ヨーロッパで最も顕著で対立的な問題となっている。移民に対する態度は、ヨーロッパ全体で明らかな双峰性の分布を見せている（Spoon and Kluwer 2015）。またヨーロッパ各国を見れば移民に対する態度は多様だが、調査回答者が移民をエスニシティや人種によって区別していることは注目に値する。図6・12からわかるように、大半の国で

白水　図書案内

No.934／2023-6月　令和５年６月１日発行

白水社　101-0052 東京都千代田区神田小川町 3-24／振替 00190-5-33228／tel. 03-3291-7811
www.hakusuisha.co.jp/ ●表示価格は消費税 10%が加算された税込価格です。

プーチン

㊤生誕から大統領就任まで　㊦テロから戦争の混迷まで

フィリップ・ショート

山形浩生・守岡 桜訳

四六判■各４９５０円

元ＢＢＣ記者の伝記作家が、８年がかりの調査取材と精細な筆致で、情勢分析および「皇帝」の言動と思考を徹底検証、その全貌に迫る超大作。

演劇ワークショップのレッスン

――よりよい表現とコミュニケーションのために

鴻上尚史

四六判■２２００円

シリーズ10万部突破！　楽しい実践的なレッスンを通して、コミュニケーション能力がアップ！　学校やビジネスでも使える詳細な実例満載！

メールマガジン『月刊白水社』配信中

登録手続きは小社ホームページ www.hakusuisha.co.jp/ の登録フォームでお願いします。

新刊情報やトピックスから、著者・編集者の言葉、さまざまな読み物まで、白水社の本に興味をお持ちの方には必ず役立つ楽しい情報をお届けします。（「まぐまぐ」の配信システムを使った無料のメールマガジンです。）

新刊

地図と鉄道省文書で読む私鉄の歩み
富山地方鉄道・北陸鉄道・箱根登山鉄道

今尾恵介

鉄道会社職員や沿線住民の声、そして当時のさまざまな地図から「鉄道王国」日本の歩みを浮かび上がらせていく。カラー地図多数掲載。

（6月下旬刊）四六判■3300円

裏切りの王国
ルポ・英国のナショナリズム

服部正法

ブレグジットの混乱で見えてきたナショナリズムのうねりを、多方面にわたるインタビューと精緻な歴史検証で描いた渾身のルポ。

（6月中旬刊）四六判■2640円

民主主義の危機
——比較分析が示す変容

アダム・プシェヴォスキ［吉田 徹・伊﨑直志訳］

過去二〇〇年間の多様かつ詳細なデータを用いて、いまデモクラシーに何が起きているのかを徹底的に解明した比較政治学の最新診断。

いまだ人生を語らず

四方田犬彦

『人、中年に到る』から十三年、七十歳を迎えた著者が、少しずつ老人になっていく日々の普通の心構え、「病」「信仰」「死」を自在に綴る。

（6月上旬刊）四六判■3080円

歌詞のサウンドテクスチャー
——うたをめぐる音声詞学論考

木石 岳

宇多田ヒカル、椎名林檎、King Gnu、Kohh、米津玄師、藤井風……ポップスの歌詞を楽しむための音響論的転回！ 音声詞学の入門書。

（6月下旬刊）四六判■2970円

エクス・リブリス

未来散歩練習

パク・ソルメ［斎藤真理子訳］

光州事件、釜山アメリカ文化センター放火事件と五人の女性の生き方を通して、今を生きる・過去を理解する・未来を思うことを重層的に描く力作長篇。

［図6.12］　ヨーロッパ各国における移民に対する態度（人種別）

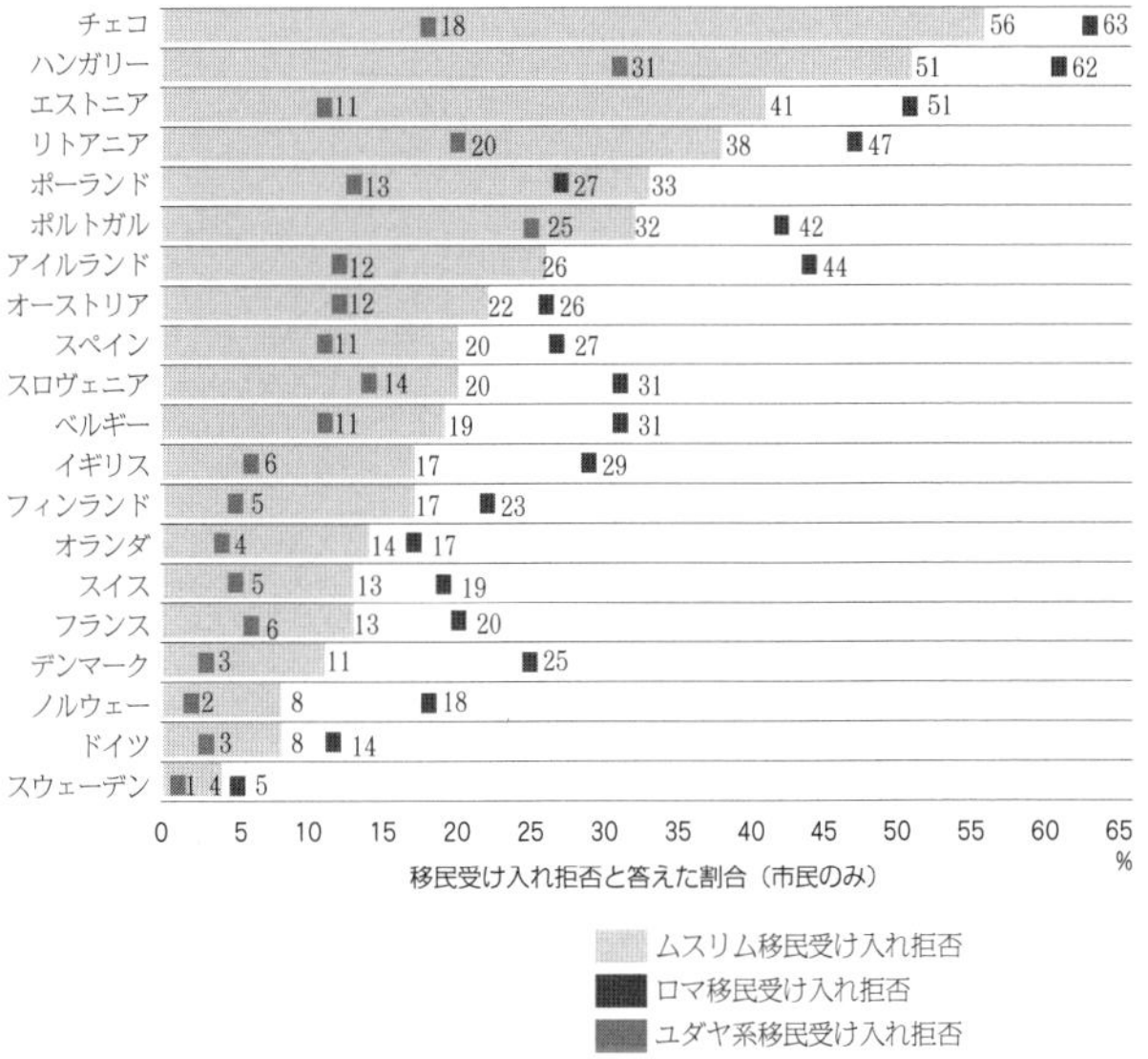

【出典】European Social Survey

ロマはムスリムよりも望ましくないし、そのムスリムはユダヤ人よりも望ましくないとされている。

　右派が用いる「移民」という言葉は、二つの異なる問題をない混ぜにしている。問題となっているのは、「国家主権」という言葉を旗印にして、国境を越えてくる外国人の流入を規制すべきかどうかだ。しかし、アメリカ・メキシコ間での現在の純流入は、南向きであることに留意すべきだ。ピュー・リサーチ・センター（二〇一五）によれば、二〇〇八年から二〇一四年の間に、アメリカ国内のメキシコ人人口は一四〇〇〇〇人減少した。したがって、もしトランプ大統領が壁を建設するとしても、その壁は入ってくるのを妨げる以上に多くのメキシコ人を国内に閉じ込めることになるのだ。実際、この国境がもし完全に開放されれば、アメリカ国内に不法滞在するメキシコ人はむしろ少なくなる、と考える根拠もある。というのも、アメリカに戻ることができなくなるかもしれないというリスクが軽減されれば、不法滞在のインセンティブが弱まることも期待できるからだ。これは難民の大規模流入に晒されている国々には当てはまらないが、純流入が比較的少ないフランスには当てはまる。なお、マリーヌ・ルペンやトランプ大統領が言う「移民」とは、たまたま相貌の異なっている移民三世のことを指している。両者とも、何らかの伝統的生活様式である「国民文化」が「移民」の存在によって蝕まれているという神話に訴えているに過ぎない。つまり、「移民」とは人種差別の隠語なのだ。

冒瀆的かもしれないが、人種差別と多文化主義との間の概念的な関係を掘り下げておくことも有益だ。最初の明瞭な違いは、人種差別は集団ごとに差があると主張し、生まれながらに優れた集団と劣った集団があるとする点にある。次なる違いは、人種とは人種差別主義者によって定義され、人は自分の選択とは無関係に出自によってある人種の一員になるとする。これに対し、多文化主義のイデオロギーは、個々人が自らの文化的アイデンティティを選びとることを認める。しかし、自ら選びとったアイデンティティが、他人から認識されるものと同じとは限らない。アミタヴ・ゴーシュ「インド人作家」の美しい言い回しを借りれば、私たちは「シャドーライン」を残す。つまり、自分がユダヤ人でも、ムスリムでもないと思っていたとしても、他人からはそうみなされているかもしれないということになる。これら二つのイデオロギーに共通しているのは、社会や国家が認めるべき社会的分断とは何か、という存在論的な問いである。マイケルズが述べたように、「人種差別の克服という目標は、かつては「カラー・ブラインド〔人種で区別しない〕」な社会を作り上げることとされてきたが、今では多様な社会、すなわち「カラー・コンシャス〔人種に意識的〕」な社会を作ることとして再認識されている」(Michaels 2007:3)。こうしたイデオロギーの共通性は「共和主義」——私たちは市民としては無個性であり、異なる特徴やアイデンティティを持つ人々が公共圏に入る時にはその属性すべて失い、区別がつかないため平等に扱われなければならないという思想(Rosanvallon 2004)——と比べた時、より明白になる。人種差別と多文化主義には違いがありながらも、社会を異なる集団に分断するイデオロギーであるという点では変わりないのだ。

ポストモダンのイデオロギーが文化相対主義と結び付いた時、真実は多様なものとなる。すなわち、発言の真偽は発言者のアイデンティティが証明し、すべてのアイデンティティに等しく権威が認められることになる。しかしこれでは、違いを許容しつつも、意見の対立を排除する世界できあがってしまう(Michaels 2007)。もし自分が「身体的性と性自認が異なる男性の一人として、このニュースはかくかくしかじかだと思う」と言えば、別の人は、自分はこのニュースが間違っているように思える、と反論するかもしれない。しかし、相手は自分のことを説得できないし、自分も相手を説得できない。私たちはそれぞれ自分にとっての真実を語っているからだ。だから、話し合うことなど何もなくなってしまう。最近の研究によれば、二〇一七年に開かれた、別の政党の選挙区からの来客との感謝祭ディナーは、同じ党の党員とだけの場合より三〇～五〇分短かったという(平均は二五七分、Chen and Rohla 2018)。私たちの信念は自己のアイデンティティに規定されてしまうため、他人に対しては何の権威も持たない。相対主義者の世界にあって、他人のニュースはすべて「フェイク」であり、その正誤を確かめる手続きは存在しない。これが「ポスト真実」の世界なのだ。

この点、レヴァンドフスキほかは、非常に詳細かつ鋭い分析から、いくつかの研究結果を示している（Lewandowsky, Ecker, and Cook 2017）。

一、「訂正が十分に効果を発揮することはほとんどない。訂正されても、またその訂正が認められても、大方の人々は誤りと知っている情報に少なからず依拠し続ける……状況によっては、人々の世界観に反する訂正だと、かえって誤った情報をより一層信じ込んでしまうことすらある」（p. 355）

二、メッセージにたとえ信憑性がなくとも、虚偽に影響され、真実は誰にもわからないと決め込む人々が出てくる。

三、虚偽が流布すると、人々は他のメッセージを真実だと認識しなくなる。

四、自分では誤りだと認識していることであっても、他人も信じている場合は、人々はその考えを手放せない。

そのうえで、彼らは次のように結論づける。「私たちは今や、大部分の人々が証拠や内部的な整合性、そして事実追求といった従来の基準を放棄してしまった認識空間に生きる事態に直面している……人々が自分自身にとってのリアリティを選択するようになり、すでに持っている思い込みや偏見に事実や客観的な証拠が打ち負かされてしまっていることは、ポスト真実の世界にあることの明らかな証左である」(pp. 361-2)。すなわち、人々を分け隔てるのは情報ではなく、相異なる認識論なのだ。メーウィスほかが示した説得的な証拠によれば、二〇一六年のアメリカ大統領選に際して、異なる経済観を持つ投資家たちはポートフォリオをさまざまに見直したが、その違いは党派に沿ったものであった (Meeuwis et al. 2018)。

　また、たとえある人の意見が変わらずとも、自分と意見が異なる人々への態度が敵対的でなくなることもあれば、逆に一層敵対的になることもある。アメリカでは、民主党員の八六%、共和党員の九一%が一方の党を好ましくないとしており、民主党員の四一%、共和党員の四五%が他方の党を「国家に対する脅威」とみなしている (Acherbach and Clement 2016)。さらに、日常生活の中で差別や虐待を受けたという痛ましい話は枚挙にいとまがなく、多くの体系的データでは、怒りや敵意の水準が全般的に上昇していることが示されている。二〇一二年には、民主党員三三%と共和党員四三%が、他方の政党の大統領候補に対して「ほとんどの場合」あるいは「ほぼ常に」怒りを覚えていると回答していた。二〇一六年には、こうした怒りをトランプに対して覚えると回答した民主党支持者は七三%に上昇し、ヒラリー・クリントンに対して同程度の敵意を持つ共和党支持者の割合も六六%に上った。ごく近年に限られるとはいえ、より多くの体系的証拠があるのは、「ヘイトクライム (憎悪犯罪)」についてだ。アメリカでは、九つの主要都市部でこうした事件が二〇一五年から二〇一六年にかけて二三・三%も増え、総計一三〇三七件に上った (NBC 2017)。別の調査によれば、ヘイトクライムは大統領選直後に飛躍的に増加し、二〇一六年一一月九日から一二月一二日までの間に千件以上の事件が報告された (SPLC 2016)。全体としては、移民差別事件 (三一五件) が依然として最も多く、次いで黒人差別（二二一件）、ムスリム差別（一一二件）、ＬＧＢＴ差別（一〇九件）と続いた。うち、反トランプ事件は二六件だった。イギリスでも、二〇一五年から二〇一六年の間に届け出されたヘイトクライム事件は四〇％以上増加した。ここでも、人種に基づくヘイトクライムだけでなく、性的指向に基づくヘイトクライムが増加していた。ロンドンに拠点を置く、ＬＧＢＴの反暴力慈善団体ギャロップによれば、性的指向に基づくヘイトクライムは二〇一六年夏に一四七％増加した。他のヨーロッパ国でも同じく、過去数年間にわたってヘイトクライムの割合が増加している。二〇一四年から二〇一五年の間、ドイツでは七七％増となったと報告されている。アムネスティ・インターナショナルは、ドイツでの人種に基づく暴力事件が、第二次世界大戦以降で過去最多件数だったと発表した。ドイツ内務省が集計した統計によれば、難民シェルターは一〇三一回襲撃され、これは二〇一四年の一九九回や二〇一三年の六九回からの大幅増となった。スペインでも、反イスラム襲撃が二〇一四年の四八件から、二〇一五年には五三四件へと増加したと、「スペイン・イスラーム宗教団体連盟」が報告している。さらに、スペイン内務省は、障害やイデオロギー、性的指向に基づくヘイトクライムが二〇一五年に数百件起きたとする統計を公表している（Human Rights Brief 2017）。なお、フランスのレイシスト・クライム（反ユダヤ、反ムスリム、反ロマ）は二〇一五年に最多となった後、二〇一五年から二〇一六年の間に二〇三四件から一一二五件へと四四・七％減少しており、例外であるかにみえる（Franceinfo 2017）。

　体系的ではないにせよ、これらの事実は、いくつかの国々を引き裂いている分断が、単に政治的なものであるだけでなく、社会に深く根を張るものであることを示している。この二つは明らかに関係しているが、社会的分極化と政治的分極化は相互に影響しているかもしれず、どちらが原因でどちらが結果なのかを判断するのは難しい（Moral and Best 2018）。これらの事実が教えてくれるのは、現在の状況についての理解を過度に政治化すべきでない——つまり政治家の行動に還元すべきではない、ということだ。トランプの短気さや無能ぶりへの不平不満は絶えないが、彼の当選とその継続的な支持はもっと根深い何か、社会での日常に潜んでいる何かを映し出しているということを無視してはならない。

第七章　何に説明を求めるべきか

7・1　方法論上の問題

これまで見てきたように、変化の原因は経済や文化、あるいは既成政党の戦略から説明することができる。原因はこれらのすべてかもしれないし、いくつかの組み合わせかもしれない。しかし、前章までの図表の多くが示しているのは様々な国の通時的な平均値——全般的傾向——であって、必ずしも個々の国が同じ傾向を有しているわけではない。二〇一四年の段階で、オーストラリア、カナダ、アイルランド、ルクセンブルク、ニュージーランド、ポルトガル、スペインには急進右派政党は存在しなかった。上位一%の所得層の割合は、アングロサクソン諸国では一九七〇年代から急激に高まった一方、ドイツ、日本、フランス、スウェーデン、デンマーク、オランダでは横ばいで推移していた。移民を減らすべきとの回答者の割合は、オーストラリアの二五%から、アメリカの四〇%、イギリスの六九%まで幅があった（二〇一二年と二〇一四年のギャラップ社調査）。また図7・1を見ると、一目瞭然だが、ドイツとフランスの間ですら賃金上昇率と生産性上昇率との関係に明確な違いがある。

アメリカは、多くの点で外れ値であることは強調されるべきだ。先進民主主義国の中で、急進右派

[図7.1]　独仏における賃金上昇率と生産性上昇率

ドイツでは、賃金上昇が生産性の上昇に追いついていない。

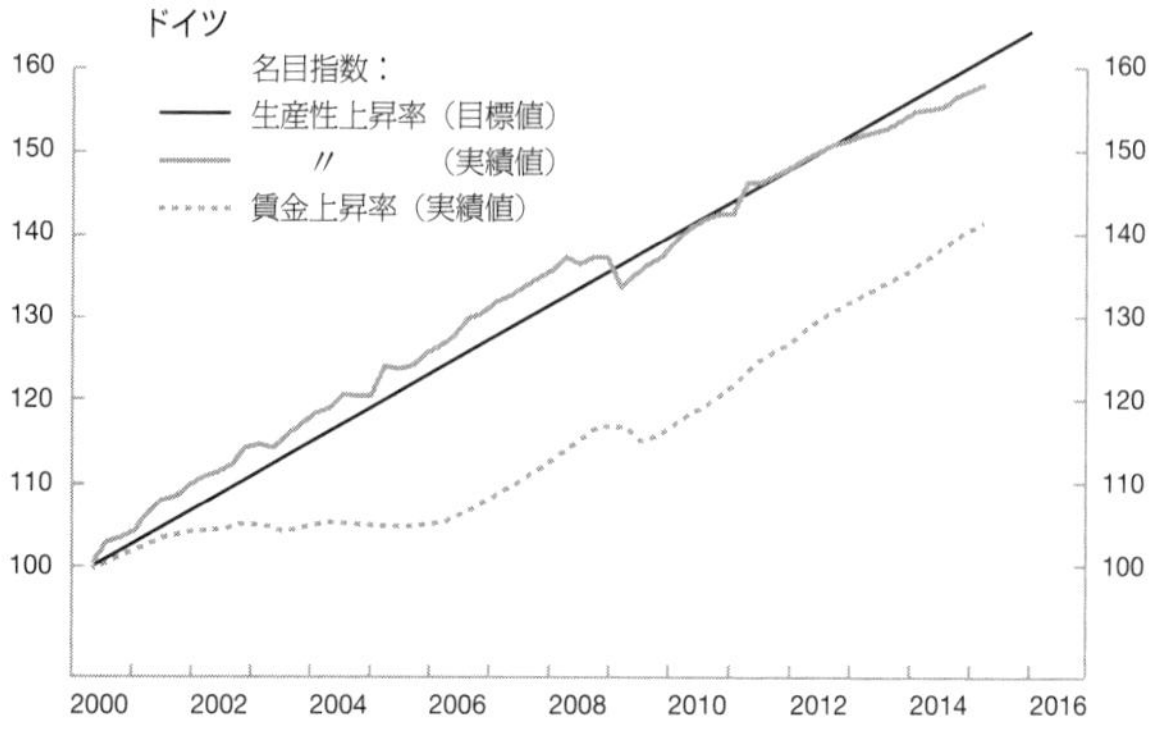

【出典】欧州中央銀行

註）上昇目標は1.5%であり、実質生産性上昇率にインフレ率2%を加えたもの。

フランスでは、賃金上昇は生産性の上昇と同調している。

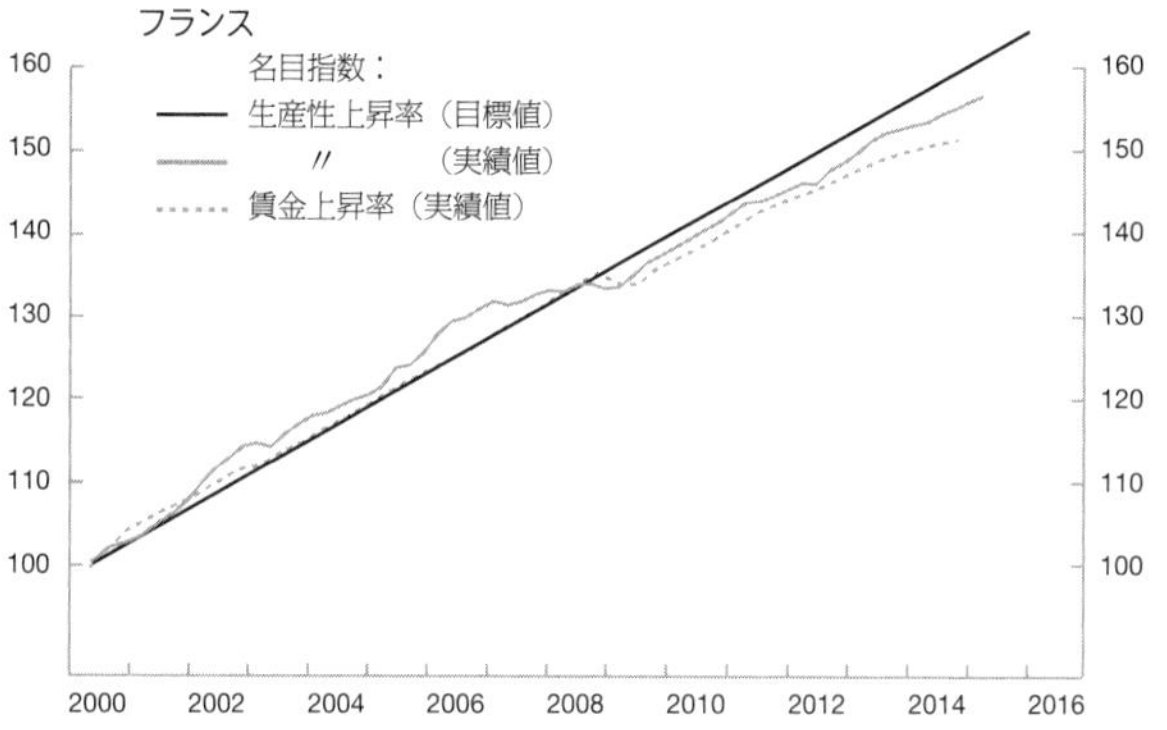

【出典】欧州中央銀行

的な公約を掲げる候補者が選挙に勝利した唯一の国である。多くの国で平均所得の減少は二〇〇八年以降に生じたが、アメリカではこれが長期間にわたって停滞してきた。また、他国以上に上位層の所得が増加していた。政治的分極化も極めて激しい。さらに国際的な影響力が低下し、インフラ、教育水準、健康水準が悪化している国でもある。おそらく最も顕著な病状は、ケースとデイトンによる四五〜五四歳の白人男性の死亡パターンのデータだろう（Case and Deaton 2017）。死亡率はフランス、ドイツ、イギリス、オーストラリア、スウェーデンで低下したが、アメリカでは一九九〇年代からむしろ上昇し続けているのである。そして何よりも、大統領制を採用する国としては唯一、間接選挙を採用しているため、過半数の票を得られなかった候補者であっても、憲法規範に則って勝者とされることで正統性の問題が発生する国でもある。

こうした国ごとの違いが示すように、これまで見てきたのは、あくまでも「時代精神」に過ぎない。しかし、悪魔は細部に宿る、ともいう。では、因果関係をどのように特定すればよいのだろうか。国際的要因を取り上げるのでは不十分だろう。グローバル化のせいにしても、それだけではドイツとフランスの違いは説明できない。少なくとも、国際的要因と国内的要因の間の何らかの相互作用が突き止められなければならない。この点、標準的な社会科学の方法で事足りるのかは疑問が残る。共通する傾向が多いうえ、時系列も比較的短いため、ないところに因果関係が見出されてしまう可能性があるからだ。実際、集団レベルでの研究は、経済的変数と急進右派支持との間に関係を見出しがちだが、個人レベルのデータに基づけば、多くの疑義が残る（Kates and Tucker 2017: 1-2）。さらに、世界の様々な情勢が徐々に相互に影響し合って進展した場合、因果がどちらを向いているのかを特定するのは困難だ（Dancygier and Laitin 2014）。最後に、同時期に観察される各国の事象は独立したものではない。トランプの勝利はフランス国民戦線〔現・国民連合〕の支持を高めたのか、あるいは逆に二〇一七年にオランダの有権者をヘルト・ウィルダース〔オランダの極右政治家〕に投票するのを思いとどまらせたのかなどが議論されるように、国家横断的な作用には波及もあれば、抑制的であることもあり得る。

このように、どのように議論を進めるべきかは判然としないが、ミクロレベルに目を向けることは有益だろう。

7・2　急進右派への投票と支持

雇用をめぐる競争、競争に対する賃金水準維持といった経済的観点でもって、こうした急進右派への支持態度を説明したいという誘惑は避けがたい。急進右派への支持は、所得状況、経済的困難、失業やその恐れなどの個人や集団の経済状態と関連があるのだろうか。この問いをより正確に記すならば、こうした態度が経済的に合理的かどうか、つまり急進右派の掲げる政策が支持者の利益に最も適っているのか否か、というものになる。もっとも、個々人が景気を正確に認識し、特定の政策の帰結を理解しているとは限らない。自身の経済状況についての認識さえも、党派的な忠誠心やその他のバイアスによって歪曲されるからだ。トランプが当選した後、民主党支持者は自身の過去五年の経済状況を下方修正した一方、共和党支持者は上方に修正したことは、その顕著な例である（Brady, Ferejohn, and Paparo 2017）。景気に関する認識は、こうしたバイアスの影響をさらに受けやすい（Stokes

2001, Maravall and Przeworski 2001)。したがって、人々が経済的観点から自身の政治的態度を正当化しているのかどうかという問いと、世についての正確な認識に基づいて合理的であるかどうかという問いは、分けて考えるべき点である。

アメリカにおける失業の実際的な影響は、オーターほかによって、最も説得的に主張されている (Autor et al. 2017)。彼らは、輸入競争の高まりが共和党の得票率上昇に強い正の効果をもたらすことを発見し、トランプ勝利は中国からの輸入に直接に起因するとした。またコラントーネとスタニヒは、一九八八年から二〇〇七年の期間における西ヨーロッパ一五カ国内の地域を対象とした大規模な研究で次のように報告している (Colantone and Stanig 2017: 1)。「地域レベルでは、輸入品との競争が激化すると（1）ナショナリスト政党への支持増、（2）有権者の全体的な右傾化、そして（3）急進右派政党への支持増加が起こる。この結果は、個人レベルの投票選択についての分析でも確認された。加えて、有権者は社会志向的〔国全体の経済状況〕にも、そのダメージに反応するという証拠も見出された」。もっとも、実際には失業が急進右派政党への投票に及ぼす影響は小さく、失業率が上から四分の一の地域と下から四分の一の地域を比較すれば、得票率にして〇・七％の差しかない。数カ国を対象としたギソほかの研究では、収入難に陥ると投票意欲が低下するか、投票する場合は「ポピュリスト」政党に投じるようになり、さらに過去五年以内の失業経験は、投票先に関係なく投票確率を低めていることがわかっている (Guiso et al. 2017)。他方でマルガリート (Margalit 2013) とアイタほか (Ayta, Rau, and Stokes 2017) は、失業の政治的影響は景気状況次第であり、時間とともに薄れていくとも主張している。そして、二〇一六年のアメリカ大統領選挙に関する最も詳細と思われる研究は、次のように結論づけている。

分析の結果、経済的苦境がトランプ支持を動機づけたことを示すさまざまな証拠が得られた。彼の支持者は教育程度が低く、ブルーカラーである傾向が強いが、世帯収入は相対的に高く、失業する可能性や、貿易や移民を通じた競争に晒される可能性は低い。一方で、健康状態が悪く、社会的流動性が低く、社会関係資本が少なく、社会保障給付への依存度が高く、そして資本収入への依存度が低く、人種的に同質的なコミュニティに住んでいるほど、トランプへの支持率が高いと予測される（Rothwell and Diego-Rosell 2016）。

また、実際の経験よりも恐怖心が、急進右派的な態度を駆り立てているという証拠もある。ミンケンベルクは、「ポストモダン社会における最後から二番目の五分の一、どちらかといえば安定しているが客観的にはまだ何かを失うかもしれない階層」に右翼支持者層を見出している（Minkenberg 2000: 187）。ケイツとタッカーは、「極右イデオロギーの自認と正の相関があるのは、自分自身の将来の経済状況に対する悲観的な見方だけ」だと結論づけている（Kates and Tucker 2017: 3）。フォサティは、高い失業率を経験している職業についている個人は経済的動機に基づいて投票しやすいことを発見した（Fossati 2014）。

解釈が特に難しいのは、アンドリューズほかの研究結果である（Andrews, Jilke, and Van de Walle 2014）。これは二〇一〇年にヨーロッパ全域で実施された、四つの次元――富裕層と貧困層、経営者と労働者、高齢層と若年層、異なる人種集団や民族集団——における社会的緊張の認識に関する調査を用いたものだ。解釈が難しいというのは、収入難に陥っている人々がこのすべての次元で鋭い緊張を感じているという点にある。普通なら、ある者は富裕層や経営者に、また別の者は高齢者の不釣り合いな収入に自分の境遇の原因があるとするだろう。また、移民にその原因を求めようとする者もいるかもしれない。だが、ある特定の次元で高い緊張を感じる人々は、他のすべての次元でも同じように感じているのだ。つまり、階級も、人種差別的イデオロギーも、人々が自らの境遇を認識する方法として明確なものではないのである。彼らは誰を責めるべきかわからないから、すべての者を責めているのだ。

このことを踏まえると、文脈の理解が求められるようになってくる。イヴァースフラテンは、急進右派政党が成功するのは、移民問題を訴える場合に限られ、景気変動や政治的汚職は寄与しないとしている（Ivarsflaten 2008）。しかし、彼女の導く結論には不備もある。というのも、なぜ一部の反既得権益政党が移民問題を利用し、他の政党はそうしないのかが考慮されていないからだ。他方で、ダンシガーは、景気の悪化と移民の増加が重なった時や、移民が選挙権を持ち、現職政治家が彼らに物質的利益を与えるインセンティブがある時、急進右派の支持が高まると論じている（Dancygier 2010）。

とはいえ、経済的要因の妥当性を誰しもが支持しているわけではない。イングルハートとノリスは、収入難にあり、失業を経験した人々の間でポピュリスト政党が支持されていることを突き止めたものの、それよりも——その論拠は不明瞭だが——「文化的バックラッシュ」のほうがより有力な要因であると結論づけている（Inglehart and Norris 2016）。ハインミュラーとホプキンズも、経済的要因と反移民態度の関連に疑問を投げかける（Hainmueller and Hopkins 2014: 227）。彼らは「自己利益に基づく仮説は総じてうまく説明できておらず、市民は主として個人の経済状況への影響を理由に移民に対する態度を形作っている、という証拠はほとんど蓄積されていない」と述べている。その代わりに、こうした反移民的態度は「移民の及ぼす文化への影響についての社会志向的な懸念」から形成されていると彼らは主張する。ただ、このことは人種差別以外の何物でもないようにみえる。現に、リーとローマーは、人種差別、なかでも肌の色が異なる人々も対象となることを理由に福祉サービスに反対することは、アメリカの貧しい白人にとっては経済的負担を意味すると算出している（Lee and Roemer 2006）。

自分たちと異なる人々に対して住民が否定的に反応することを示す証拠は数多くあるが、その原因はいまだよくわかっていない。経済状況を反映していないのでなければ、こうした態度は何に起因するのだろうか。人々を外国人嫌いにさせ、しばしば臆面もない人種差別的態度をとらせるのは何なのか。異なる外見の者、異なる言語を話す者、異なる食習慣を持つ者に向けて敵対的な行為をとらせるものは何なのか。ハインミュラーとホプキンズが支持する心理学的な説明は、私たちが目の当たりにしているものを「科学的な」言葉で言い換えているに過ぎず、新たな知見をもたらすものではない（Hainmueller and Hopkins 2014）。

また、他の要素が変化することで、これらの態度が変化することを示す証拠もある。マッカーティほかは、一九四七年以降、所得不平等とアメリカ連邦議会下院の分極化との間に非常に強い相関関係があることを示している（McCarty, Poole, and Rosenthal 2016）。また、イギリスへの純移民の増加に伴って、移民が重要な政策課題だと認識されるようになったとする証拠もある（IPSOS/MORI 2013）。とはいえ、これらの対抗説としては、次のようなことも考えられる。すなわち、外国人嫌悪や排外主義、人種的偏見、そしてその他の偏見は、いかなる時も存在していた――アメリカへのドイツ人移民は「クラウト」、イタリア人は「ダゴス」、日本人は「ジャップ」、ポーランド人は「ポラック」と呼ばれてきたように。そして、こうした態度は偽善的に一時的にだけ抑圧されていたに過ぎず、一部の政治家が公然と口にすることで突如として「文明化作用」（Elster 1998）が失われた、というものだ。その根拠の中でも特筆すべきは、一九三九年にアメリカで実施された調査である。この調査では、ユダヤ人を中心とするドイツ人の子ども一万人を受け入れるべきかどうかという質問に対して、六一％の回答者が「ノー」と答えていた。ドイツ人や日本人の中には、自国が戦時中に残虐行為に及んだ後でさえ国粋主義者であり続ける人々がいることを考えれば、近年右翼の叫ぶ「愛国心」という言葉は、こうした態度が公共圏に入り込むことを許したに過ぎないといえる。おそらくトランプは、以前から存在したあらゆる偏見をポリティカル・コレクトネスによる検閲から解放したに過ぎないのだろう。

これらの見解のすべては受け売りだ。この分野に関してはゴールダーの専門的な文献レビューが参考になるが、ここで彼は、社会的背景と個人要因を結びつけて議論すべきと提唱している（Golder 2016）。もっとも、言うは易く行うは難し、だ。現時点でわかっているのは、グローバル化の敗者は右翼に投票する傾向があり、失職するおそれが潜在的な敗者を怯えさせる、ということでしかない。これらの影響はすべて統計的に有意であるものの、それでもなお急進右派的な態度のごく一部しか説明できない。これらの態度の原因は、依然として不明なのだ。

このつまらない結論は、多くの読者諸氏をがっかりさせるかもしれない。しかし、何でも理解できるかのような説明の数々を鵜呑みにしてはならない。経済学者の論文を読めば、政治的態度は経済状況から説明されることがわかる。心理学者の論文を読めば、何らかの心理的特徴にその秘密があることがわかる。それでも、私はいずれの説明も説得的でないように感じられる。経済状態から政治的態度を推定する回帰分析をすれば、統計的に有意な結果が常に得られるが、その説明力は極めて小さい。また、心理学者は説明しようとするものを言い換えて、その言い換えられた特徴が原因だと主張することがある。私たちの知性には歪みがあり、複雑な状況の中に何らかの意味を常に見出そうとし、私たちを驚かせる諸現象には何らかの関連があり、何事にも原因があると思いたがる。私は様々な要因を列挙し、現在の政治状況を生み出したであろう最近のいくつかの変化——経済的、文化的、そして純粋に政治的な変容——についてそれぞれ手短にまとめてきた。これは一つのカタログでしかなく、それらが関連しているのかどうか、どれが最も重要なのかは決して明らかではないゆえに、つまらない結論になってしまうのだ。だが、現在判明していることに鑑みれば、これが精一杯のことだと信じている。

未来を考え始める前に、私たちが過去について学んできたことの流れの中に現在を位置づけることは有益なことだろう。現在の状況が過去の状況をなぞる限り、定着した民主主義体制が崩壊した事例と生存した事例とを比較すれば、歴史の教訓を引き出すことができる。しかし、現在の状況が前例なきものである場合、歴史が未来を照らし出すことはなく、教訓を引き出すこともできない。だからこそ、過去の流れの中に現在を位置づけることが必要なのである。

アメリカの民主主義が二〇〇年続いていることを差し置いても、現在のアメリカの所得水準をもとに簡単な統計分析をすると、現職が選挙を実施しなかったり、野党が勝てないような選挙を行う確率は、国の数と民主主義の年数をかけ合わせた一八〇万年間で、一回を数えるに過ぎない。もし歴史から教訓が得られるとするならば、今日のアメリカ並みに一人当たりの所得が高い国で、民主主義が完全に崩壊することは考えにくい。一九二〇年代と一九三〇年代のヨーロッパにおけるファシズムの出現は頻繁に引き合いに出されるものの、その悲劇的な出来事を振り返るのも有益ではない。それは、ファシズムが権力を握った国々が現在と比べて悲惨なほど貧しかったという単純な理由からだ。一人当たりの所得は、イタリアでは一九二二年で二六三一ドルだったが、二〇〇八年には一九九〇九ドルとなった。同様に、ドイツでは一九三二年で三三六二ドル、二〇〇八年には二〇八〇一ドル、オーストリアでは一九三二年で二九四〇ドル、二〇〇八年には二四一三一ドルだった（ギアリー＝カーミス法による国際購買力平価換算ドルの一九九六年価格、Maddison 2011 参照）。まさに別世界での出来事だったのである。

イデオロギーの面でも別世界だった。戦間期の急進主義政党は反民主主義的であり、共産主義者もファシストも、選挙を通じた個人代表制に基づくシステムの置き換えを公然と目指していた（Capoccia 2005）。共産主義者は民主主義を「ブルジョワジー独裁」の偽装であると嘲笑し、単一政党が率いる「プロレタリアート独裁」に代えるべく闘っていた（Lenin 1919）。ファシストは、民主主義を階級間対立を意図的に助長するシステムとみなして蔑視し、職能別に組織された企業間の交渉からなる妥協に基づくシステムに置き換えるべく抗っていた(Cassese 2011)。そのいずれもが、「政治」を「合理的な管理」に置き換えることを約束していた。そして、そのいずれもが、ヨーロッパのみならず、アルゼンチンからモンゴルに至るまで、世界中に広く魅力を放っていた。しかし、この二つのイデオロギーはともに今では忘れ去られている。今日の「反体制」政党は、反民主主義的な存在ではない。これら政治勢力に汚名を着せるため、無造作に「ファシスト」というレッテルが貼られることがあるが、選挙に代わる統治者の選択方法を提唱しているわけではない。こうした政党が醜悪であることは確かだが——大方の人々は人種差別や外国人嫌悪を醜いものとみなす——、これらはエリートの簒奪した権力を「人民」に取り戻すというスローガンのもとに運動を展開し、それにより民主主義が強化されると考えている。トランプの政治広告の言葉を借りれば、「我々の運動は、失敗し、腐敗した政治的エスタブリッ

［表8.1］ 2008年以前に崩壊あるいは存続した民主主義と、2008年以降の民主主義における経済状況の比較

	崩壊した国	存続した国	現在	
	平均値	平均値	N	平均値
一人当たりGDP[a]	18,012	5,770	406	23,825
経済成長率[a]	0.031	0.011	406	0.020
労働分配率[b]	0.61	0.50	352	0.54
ジニ総所得[c]	42.6	44.6	152	42.5
ジニ純所得[c]	33.8	44.6	152	33.5

註）「崩壊」の列は2008年までの時期を、「現在」の列は2008年から2014年を対象としている。各欄は平均値を示す。

【出典】(a) は PWT9.0ドル購買力平価、(b) は PWT 9.0、(c) は SWIID(2014) より。

シュメントを、あなた方アメリカ人がコントロールする新しい政府に置き換えるためのもの[1]」なのだ。また、マリーヌ・ルペンは欧州についての国民投票を呼びかけ、そこで「あなた方、人民が決める」ことを約束している。さらに言えば、近年では「強い」もしくは「有能で有効な」政府を望むとする回答が調査で増加していることが、民主主義に対する支持低下の兆候だと解釈する論者もいるが、そのような政府を望むのも何ら反民主主義的なことではない。シュンペーターは、政府が統治すること、それも有能に統治することを間違いなく望んでいたし（Schumpeter 1942）、他の民主主義者たちがそう望まない理由もないはずだ。

それでも、私たちはナーバスになっている。なぜなら、これまでに描写してきたような状況のいくつかは前例がなく、歴史をもとに推

測することが現時点での展望を占ううえで当てにならないかもしれないからだ。しかし、それらは本当に前例なきことなのか。

表8・1は、二〇〇八年以前に民主主義が崩壊もしくは存続した国々の経済状況と、現在の民主主義国の二〇〇八年以降（および二〇一五年以前）の状況とを比較したものである。現在の平均所得は、過去に存続した民主主義国よりも高くなっている。他方、個人所得の不平等の平均は、存続した民主主義国のそれとよく似ている。また、製造業における労働分配率や平均所得の伸び率は低くなっている。

もっとも、これらの数字が全容を教えてくれるわけではない。まず、最低所得者層のうち、その収入が停滞している人々が一定程度の割合――およそ三〇～五〇％――いることを検討してみよう。彼らの所得は、アメリカでは四〇年近くも停滞していたが、ヨーロッパの大部分の国々ではごく最近になってからのことである。貧しい人々の所得がアメリカで上昇しなかったのは主として不平等が拡大したためであり、大陸ヨーロッパで二〇〇八年以降に停滞したのは、主として経済成長が鈍化したためである。こうした停滞は、所得分配のデータが確認できる期間（一九五〇年以降）にあっては間違いなく前例のないことだが、戦間期を含めたとしても、おそらくその事実は変わらないだろう。二〇〇〇年時点でのOECD加盟国の一九七八年から二〇一四年までの平均成長率は二・一％だったのが、戦間期のそれは二・三％だったからだ。確かに、不平等は近年急速に拡大しているが、断片的な情報からは、戦間期にはかなり大幅に縮小していたと見られる。[2] したがって、一九七八年以降に低所得層の所得が戦間期よりも鈍化していると考える根拠は十分にあり、現在みられる下位何割かの所得層の停滞は、少なくとも過去一世紀では歴史的に前例のないものなのだ。

とりわけ目を引くのは、労働組合の衰退、生産性と賃金の上昇率の差の拡大、そして製造業における労働分配率の低下だ。企業に対する労働力の供給をコントロールする労働組合の力は、一九三〇年代に数カ国で勝ち取られ、第二次世界大戦後に制度化されたものの、一九八〇年代初頭に新自由主義に転じてから急速に失われ、選挙上の支持基盤となっている左派政党の政治力を弱体化させつつある。こうした労働者と資本家との間の経済的・政治的均衡の変化は、資本移動規制や金融規制の緩和と相まって低所得者層の収入の長期停滞をもたらし、二〇〇八年の金融危機でそれが鮮明になった。

このように考えると、世代間平等への期待が揺らいでいることに不思議はない。アメリカについてのチェティほかによる研究結果は、この期待が実際にはある程度実現されていることを示している（Chetty et al. 2016）。それでも、アメリカでは六〇％、ヨーロッパでは六四％が、自分の子どもは自分よりも経済的に苦しくなると予想しており、彼らは過度に悲観的になっていて、二〇〇八年の経済危機のショックからいまだに立ち直っていない可能性がある。前の世代が何を信じていたのかに関する定量的な調査結果はないが、産業革命以来、物質的進歩への期待が西洋文明に深く根付いてきたと考えるのは間違いではないだろう。二〇〇〇年時点のOECD加盟国の平均所得は、一八二〇年から二〇〇八年にかけて二二倍にまで増加した。幾多もの戦争や経済危機があったにもかかわらず、過去二〇〇年に三〇年間にわたって平均所得が減少したことは一度もなかった。人々が子どもたちの将来を悲観するようになったとすれば、これは文明的な規模での変化と言えよう。

異なる意見を持つ人々への敵意を伴う現在の分極化が、新しい現象かどうかを判断するのは難しい。

近年に限れば新しい現象であることは確かだが、過去に発生した危機の事例分析で見たように〔第I部参照〕、アメリカを含む各国で社会が深く分裂していた時代はこれまでにもあった。私たちが知っているのは、そのような激しい分断は長く続き、克服するのは容易でないということぐらいだ。スペイン内戦やチリのアジェンデ時代の分断のように傷跡が残され、しばしば沈黙に埋もれた後、再燃する傾向がある。

そして表8・2からわかるように、近年の最も劇的な変化は、伝統的な政党制の崩壊である。西ヨーロッパで一九二〇年代に凍結された政党制は、わずかな例外を除き、二〇世紀末まで主たる政治的選択肢を提供し続けていた。第二次世界大戦直後を除き、有権者は中道左派と中道右派のいずれかの政党を選んでいた。こうした選択肢を担う政党は、時に党名を変えたり、分党や合流を繰り返したりしながらも、二大集票組織であり続けた。新党も時折登場するものの、成功することは滅多になく、その多くは短命に終わった。もっとも、一九二四年頃の得票上位二党のうち、一九九〇年代後半にはその九割が上位二党に入っていたのに対し、現在では七五%程度しか残っていない。「有効政党」の数は一九六〇年には三だったが、現在では、ほぼ四となっている。さらに、こうした衰退とともに選挙での投票率が低下しており、低下するにつれて、急進右派政党の得票率が増加している。これは既成政党の集票力低下、あるいはアメリカのように、有権者の選好が中道から離れたことに起因しているかもしれない。だが、既成政党の退潮が、政治的中道の衰退を意味しているとは必ずしも限らない。そうではなく、既成政党の組織的な弱体化と職業政治家に対する世間一般の反感の表れと解することもできる。確かなのは、一部の国の既成政党が三番手、四番手、さらには五番手に転落している一方、

［表8.2］ OECD加盟国（2000年時点）における政治的変化（2008年前後）

	1960–2007		2009–14	
	N	平均値	N	平均値
投票率	1,065	78.8	138	72.1
得票率に基づく有効政党数	1,065	4.05	137	4.68
議席数に基づく有効政党数	1,065	3.48	137	3.86
社会民主主義政党の得票率	1,065	26.9	138	21.2
労働組合組織率	995	42.1	98	33.0

【出典】Armingeon et al. (2016)

アメリカでは「ロックフェラー・リパブリカン」〔共和党穏健派〕がかつて支配していた政党が急進右派に取り込まれてしまった、ということだ。そして目新しいのは、かつては労働者階級を代表していた二つの組織、すなわち社会民主主義政党と労働組合がその能力を失ってしまったことだ。社会民主主義政党の得票率も、労働組合の組織率も、直近では明らかに低下している。また、すでに変化してしまった、あるいは少なからず変化しつつあるのは、右翼運動を支持する社会的基盤である（Ignazi 1992, 2003, Arzheimer 2013）。従来はプチブル（自営業、小売店主、職人、農民）に支えられていたこれらの運動は、今ではこうした伝統的基盤に加えて労働者階級にも支持を広げようとしている。社民主義政党がブルジョワ化するとともに、右派政党はプロレタリア化したのである。

最後に、過去と現在との決定的な違いは、政治の舞台から軍部がほぼ姿を消したことであり、これは明るい材料だ。表2・1に示した、一三の民主主義崩壊事例のうち、九つで決定的な役割を果たしたのが軍部だったからだ。この文章が四〇年ほど前に書かれていたなら、そこでの主たる関心事は軍の政治的立場だっただろう。だが意外にも（ラテンアメリカにおいてでさえ）軍はもはや政治アクターではなくなり、政治学の研究対象でもなくなってきている。

不当な結論を避けるため、いくつか注意しておきたいことがある。なかでも最も重要なのは、過去の教訓を因果関係として扱うべきでないということだ。内生性の問題があるのは明らかだからだ。例えば、経済が停滞したから民主主義が崩壊したのか、それとも民主主義が崩壊しそうになったために経済が停滞したのか、という問題が挙げられよう。第二に、全般的な傾向が国ごとの著しい違いを覆い隠してしまうことだ。世界同時不況のような国際的要因が民主主義に影響を及ぼすとしても、その影響の仕方は各国ごとの状況次第で異なる。第三には、「相違点」や「類似点」といったものは程度の問題であり、ある一定の違いがどれほど重要なのかは必ずしも明らかではない。最後に、私たちが把握できる条件のリストは完璧とは言い難く、決定的なものが一つないしいくつも抜け落ちている可能性が否定できないことだ。だからこそ、すでに述べたように、私は読者に何かを説得するつもりはなく、単に考えるための材料を提供しているに過ぎない。歴史から教訓を引き出すのは芸術であって、科学ではない。結局のところ、このような状況下で民主主義が生き残る見込みがいかほどなのかは、推測に拠るほかない。

Ⅲ　未来は？

ありうる未来について問い始める前に、民主主義が良好に機能している時、それはどのように機能し、そしてどのように崩壊、または劣化するのかを理解しておく必要がある。民主主義が良好に機能するのは、政治制度を通じて社会で起こり得るあらゆる対立が構造化され、緩和され、そして統御される時だ。そこでは選挙こそが、集団が「誰がどのように統治すべきか」を決定するメカニズムであり、民主主義において紛争処理を行う中心的なメカニズムとなる。しかし、このメカニズムが有効に機能するためには、選挙で失うものがそれほど過大でなく、選挙での敗北があっても致命的失敗にならず、敗北した政治勢力に将来勝てる見込みがそれなりにある場合に限られる。イデオロギー色の強い政党が政権の座につき、自らの政治的優位を固め、政策決定の自由度を高めるためにこうした制度的障壁を取り除こうとする時、民主主義は劣化、あるいは「後退」していくことになる。この見通しは不吉である。なぜなら、その手続きが憲法違反とは限らないし、むしろ民主主義の後退が合憲的に進められる場合や、政権が適法であるかのように見せかけることに細心の注意を払う場合、市民が抵抗運動を立ち上げるための拠り所がないからだ。したがって、アメリカや西ヨーロッパの成熟した民主主義国家でこのようなことが起こり得るのではないかと危惧するのは、当然のことなのだ。

第九章　民主主義の機能

9・1　紛争と制度

いかなる社会のいかなる場面でも、「何か」をめぐって対立している人々――個人であれ、集団であれ、組織であれ――がいる、ということを前提に考えなければならない。この「何か」とは大抵の場合、収入、財産、大学の入学定員、臓器移植、公共サービスへのアクセスなど、さまざまな希少財のことだ。ところが、多くの対立は分配以外の問題と関係している。なかには、他人がどう振る舞うべきかについて、しばしば宗教的動機に基づく強硬な見解を持つ人々がいることで生じるものもある。また、純然たる権力欲、野心、虚栄心によって引き起こされるものもある。さらに、シンボルも激情を呼び起こす。ワイマール共和国で、ドイツ国旗の色の問題で連立政権が崩壊したこともあった。

もちろん、すべての対立が政治的になるわけではない。愛着を持つスポーツチームの違いから激しく対立する人もいようが、そうした不和が政治的になることはない。ビーチでブルカ〔イスラム教徒のスカーフ〕を被りたい女性もいれば、何も着たくない女性もいるかもしれないが、そうした不一致は私的なものだ。他人が何をすべきで、何をすべきでないかについて持論がある者がいても、それはあくまで私的な意見である。対立が政治的紛争に発展するのは、政府がとるべき政策や採択すべき法律についての意見、なかでも政府が国民全員に何かを義務づけたり、禁止したりすべきかについての意見の相違がある場合である。[1] もしくは特定の集団が妊娠中絶クリニックへのアクセスを物理的に妨害したり、他人の所有地を占拠したりするなど、自らの意志を力で他人に押し付けようとする場合などだ。

紛争は、平和的解決が容易な場合と困難な場合とがある。両者の間にはいくつかの違いがある。

1

ある問題について最も望ましい解決案について、どの程度まで意見が分かれているのか。この問いへの答えとは「理想点」、つまり人々が最善と考える政策や法律についての意見の分布のことだ。その分布を把握するには、多くの人に最も好まれる結果があるかどうか、またその選択肢との違いが大きくなるにつれて、他の結果を好む人々の割合が減るかどうかを見ればよい。両方の条件を満たす分布は「単峰性」である。例えば、アメリカ国内での妊娠中絶に対する考え方の現在の分布は単峰性、つまり「ほとんどの場合で」合法であるべきと選ぶ人々の割合は、「いかなる場合も」合法であるべき、あるいは「いかなる場合も」「ほとんどの場合で」違法であるべきという人々よりも多い (Pew Research Center 2018)。だが、最大の選好が、別々の結果に集まることもある。例えば数年前のフランスでは、養子縁組の権利を除けば、国民の多くが同性婚に反対し、別の多くの層は養子縁組の制限なしの同性婚を支持していた。この分布は「双峰性」のものであり、図6・10に示した現在のアメリカ国内の一般的なリベラル－保守次元の分布と同じだ。興味深いことに、メディナは、ヨーロッパ二〇カ国では投票者の左右次元での位置が（ダウンズ〈Downs 1957〉の予測通りに）中央に大きな最頻値、その左右に小さな最頻値を持つ三峰性になる傾向があると示している（Medina 2015: 図1）。

2　結果が自分の理想とする選好から外れた場合、人はどれほど気にするのか。人々は自分が最も望むことから遠くなるほど、その結果を嫌うことは明らかだ。しかし、その失われた結果をどの程度まで悲しむかは、個人差があるだけでなく問題によっても異なる。例えば、ある者が最高課税率を四〇％にしたいと考えていて、実際の税率が三〇％か五〇％だとしよう。この人はそのような税率を低すぎる、あるいは高すぎると思っても、この種の不満はあまり激しいものではないだろう。だが、いかなる状況でも中絶は許されるべきでないと考える人々にとって、「緊急避妊」薬の合法化は忌むべきものである。合法化されれば、彼らの効用が激減してしまうからだ。したがって、理想点が単峰性に分布していても、結果が自分の最大の選好から少しでも外れてその効用が急激に失われる場合は、対立が激化する恐れがある。

3　異なる問題についての立場は、どれほど相互に密接に関連しているのか。例えば、妊娠中絶についての法律をより厳しくすることを望む人々は、移民に反対する人々と同じなのだろうか。また、移民に反対する人々は、所得の再分配をより望む人々と同じなのだろうか。もしこれらの問いへの答えが肯であれば、対立軸は重なっていることになり、否であれば対立軸は入り組んでいることになる。例えばＯＥＣＤ諸国では、移民への否定的態度は、同性愛嫌悪や性差別と相関している。選好が他の特性（宗教、所得、学歴など）と関連する場合、対立軸は重なる。

例えば、先に引用したピュー・リサーチ・センターの調査によれば、状況次第で中絶の合法化に賛成するのは白人福音主義者ではわずか二五％にとどまる一方、カトリックでは五〇％以上、プロテスタントでは約七〇％、無宗教者では七五％が賛成している。これらの宗教グループの間では、他の道徳的問題についても意見が異なるため、対立軸は重なり合っている。だが、他の対立軸では混在している可能性がある。リプセットは、労働者階級では民主主義と権威主義についての立場が二分されると論じたし（Lipset 1960）、ワイマール・ドイツでのＳＰＤとＫＰＤとの間での隔たりについては、先にみた通りだ。

人々が最も重視する選好が大きく分かれている場合、理想とされる選好からの乖離による効用の損失が激しくなる場合、あるいは対立軸が重なり合って本来同一であるはずの集団を明らかに分断する場合、紛争の平和的解決はより困難になると考えるのが自然である（Coser 1964）。だからといって、処理の難しい紛争に直面した政府が常に受動的であるわけではない。政府にとっては、いかなる場合でも、団結は分断よりも重要であると説得することが当然の戦略となる。「団結」（「団結すれば立てる」〔第二次世界大戦時のアメリカのスローガン〕）、「調和」、「協調」といったものは、ナショナリズムの発揚、出自の違いによらない共通のルーツの喚起、祝日や国歌、国旗の称揚、国軍やオリンピックでの成績の誇示などを通じて、絶え間なく喧伝されている。こうした例は他にいくらでもあるだろう。たとえ激しく争われた選挙であっても、その後には「団結」のための演説が必ず行われる。私の知る限り、就任演説で団結を呼びかけなかったアメリカ大統領はドナルド・トランプが初めてだったし、サルバドール・アジェンデが発した「私はすべてのチリ人の大統領ではない」という宣言も、大きな失態だった。

こうした呼びかけに果たして効果があるのかは定かでないが、呼びかけがあっても紛争が継続されることが多いことは事実だ。理解の糸口として、一本の線（効用線）の上に選好が配置でき、A、Bと書かれた地点に大勢の人がいると仮定しよう。

—A——x——B—

点xは紛争の解決策となり得るものだ。仮に点Aは（不法か合法かを問わず）すべての移民が市民権を取得できるようにすること、点Bは（家族について考慮をせずに）すべての不法移民を強制送還すること、そして点xはその国で生まれた子供を持つ親の地位を法的に認めるなど、何らかの中間解の選好を表すとしよう。もし効用線上でAとBがかなり離れている場合、紛争には解決策がないかもしれない。例えば、Bの人々にはxは受け入れられず、Aの人々にはxよりもAから遠いものは受け入れられないとする。すると、どちらのグループも受け入れることのできる紛争の解決策はないことになる。チリが置かれた状況を考えてみよう。連立政権にとっては複数の大企業を一挙に国有化できないのは受け入れがたく、野党にとっては一社ずつ国有化すること以外は受け入れがたかった。つまり、チリの紛争には平和的解決策がなかったのである。

同様のことは、複数の次元に及ぶこともある。ドイツの大政党ＳＰＤは、経済的には社会主義的、政治的には民主主義的であり、片や政党DNVPは資本主義的で権威主義的であったことを思い出してほしい。どんな多数派連合も両政党が含まれなければならなかったため、議会で過半数に支持される一連の妥協案は中身のないものだけだった。

では、政治的自由を奪うことなく、局面に応じて誰の利益や価値、願望が優先されるべきかを決める手続きやルールに則りながら、このような紛争を適切かつ平和裏に解決するためにはどうしたらよいのだろうか。

政治制度は、紛争を（1）構造化し、（2）緩和し、（3）ルールに則った調整を行うことで、これを秩序立てて処理するものだ。議会進出を制度的に保証された政治勢力のみが政治活動を行い、さらにこうした組織が制度を通じて利益を追求し、不利益も受忍するインセンティブを持つならば、制度的秩序は広くいきわたる。つまり、すべての政治勢力が制度の枠外ではほぼ何も得られないと判断し、この枠組みのもとで利益を追求しながら、現時点ないしは近い将来に何か獲得できることが期待できれば、紛争は秩序あるものになるのである。

なお、このように戦略的に考えるということは、組織が構成員の行動を規律できることを前提としていることに留意してほしい。モーリス・トレーズ〔元フランス共産党書記長〕が一九三六年に述べた有名な言葉の通り、「ストライキを終わらせる術を知らねばならない」のだ。ピッツォルノは、組織とは戦略のための能力のことだと定義している（Pizzorno 1964）。組織は戦略的な考えのもとで構成員を動かしたり抑えたりできる場合にのみ、戦略的に行動できる。こうした能力を欠く場合、政治的紛争はまとまりのない、「自発的な」暴動という形をとることがある。

1　政治制度は紛争を構造化する。制度はあるアクターがとり得る行動を規定し、一連の行動に関するインセンティブを提供し、帰結を制約的なものとする。結果として、すべてのアクターがその利益や価値に照らして追求するであろう行動を構造化し、集合的な結果を方向づけたり、均衡をもたらしたりする。例えば、議会君主制のもとで大統領になろうとする者は誰もいないだろう。大統領が象徴的な国家元首である制度よりも、それが行政府の長である制度のほうが、大統領職をめぐる争いが激しくなることもほぼ明らかだ。もう少し複雑なのは、選挙制度による選挙での競争への影響である。一人一区の小選挙区制かつ二大政党制の場合、両党は有権者の選好の真ん中に向かうインセンティブを持つ。一方で比例性の高い選挙制度の場合、各党は自身のニッチ市場を最大化しようとして、一部の政党が極端な立場を維持する可能性がある。

あらゆる政治体制は、社会的勢力が政治アクターとして組織化する手段を作りだし、彼らが実行できる行動を調整し、制度上の競争に左右される政策的帰結を制約するものだ。例えば、票が議席に変換されるルールである選挙制度は、選挙での競争に参加する政党の数や、政党が代表する職業、地域、宗教、民族などの利益に影響を及ぼす。労働組合の結成に関するルールは、組合員数や部門別組織、集権の度合いに影響する。集団訴訟に関するルールは、裁判所に訴えを起こせるのが個人に限られるのか、あるいは、同じ苦情を共有する集団にも可能なのかを決定する。その他にも、制度的枠組みのもとに実行できる行動を規定しているルールは数多くある。例えば、ほとんどの国では、業界団体や労働組合が政党献金できるのかを定める法律や、何が合法的ストライキで、何がそうでないのかを分ける法律がある。さらに、憲法裁判所やそれに準ずる機関は、多元的な競争よりも上位にある基本原則と矛盾する結果を無効にすることができる（この原則は、憲法に明記されていることが多いものの、必ずしもそうとは限らない）。

政党は世論を形成し、選挙で競い、行政府や立法府を担う。政党はかつて、利益集約のための主要な形態となっていた。政党は利益を明確なものとし、集約するためのメカニズムであり、個々人を代表制へと取り込む垂直的組織でもあったのである。ところが、理由は定かではないものの、時間とともに、政党は選挙の時だけ一時的に機能する組織へと変質していった。つまり、社会統合の機能を喪失してしまったのだ。ミハイル・オストロゴルスキー（Ostrogorskij 1981）のように、政党に「有権者を説得するのではなく、交流をもって引き入れよ」と今日でも言える者はいないだろう。日常的で、継続的なあらゆる接点が失われてしまったからだ。しかし政党が、選挙時に支持してくれることになる人々との垂直的な関係を日々保ち続けなければ、彼らの政治的行動を導くことなどできない。

企業団体、宗教団体、任意団体を問わず、これら利益団体は下級官僚を含む行政に直接働きかけて自らの利益を推進しようとするのみならず、政党にも影響を与えようとする。紛争の構造化のされ方の違いは、職能上の利益を規制する領域で見て取ることができる。ヨーロッパ各国では、一九世紀半ばまで労働組合が禁止されていた。ようやく合法化された後も、いずれの民主主義国でも、産業部門や特定の職場に設置できる組織が単一か複数か、労働協約が法的拘束力を持つかどうか、締結した協定が非組合員にも適用されるのかなど、組合結成の条件は国が厳しく規制している。なお、図6・9に示したように、組合の平均組織率は一九八〇年頃から急激に低下し、政党支持者に対する影響力と同じく、労働者に対する組合の影響力は失われていった。企業団体のロビー活動には労働組合に対するような厳しい規制はなく、その登録や活動の透明性を求める国はごくわずかだ。他方で、任意団体が非営利団体の資格を求める際、主に税制を通じて規制されている。

民法や裁判所の判決は、紛争を個別に取り扱う。裁判所を頼れないのであれば、紛争の多くは中国のように、自発的な集団抗議行動という形態をとらざるを得ない。だが個人が裁判所に直訴できる場合は、国との紛争は分散化することになる。例えばアルゼンチンでは、憲法で保障されたサービスが提供されていないとされる場合に、個人が国を裁判所に提訴することができる（Smulovitz 2003）。裁判所は、中立人が集団を組織することなく紛争を処理することのできる回路なのだ。

要するに、国家は政治制度の領域に現れる政治勢力の組織のされ方を定めるものだ。そして、他の形態をとる政治的行動は一定の制約のもとでのみ容認されるか、あるいは積極的に抑圧されるのである。

2　制度が政治的紛争を緩和することができるのは、他の手段でも利益や価値を推進しうる政治勢力が、制度的枠組みの中で行動するインセンティブを持つ時である。重要なのは勝ち負けだけでなく、何を得て何を失うかもしれないのか、つまり、どれほどの賭け金が懸かっているのか、にある。例えば賃金交渉という紛争は、一時解雇の撤回を求めるストライキよりは失うものが少ない。河川への有毒廃棄物投棄をめぐる紛争は、産業界にとっては利益がやや増減する程度の話だが、毒物に晒される恐れのある人々にとっては失うものが非常に大きい。戦争に踏み切る決定は、誰にとっても大きな賭けとなるだろう。多くの紛争では、政府決定で得られる便益は一部に集中するが、他方でその費用は広く負担される。歯磨き粉に関税をかけると製造業者の利益は大幅に増加するが、消費者には気づかれないほど微々たるものであるようなことを考えればよい。将来の政治権力を獲得するための紛争は、その結果を覆すのが困難なため、大きな賭けとなる。例えば、「柔軟な労働市場」政策によって失業が減るかどうかはわからないが、労働組合の組織力を弱体化させ、組合が将来の政策に影響を与える可能性を弱めることになる。

図式化していえば、制度的枠組みの中で利害を調整すれば、組織化された政治勢力は、何かを得られると期待しており、万が一負けた場合には、結果がどれほど覆される恐れがあるのかについて、ある程度まで認識している。これは、制度上での利害の相互作用に参加することについての期待値が保持されていることを意味する。各政治勢力が持つ別の選択肢は、暴力やその他の非効率的な紛争処理(後述)を用いて、制度的枠組みの外でその資源を利用しようとすることだ。この手段は、一九一九年にイギリス労働党議長だったジョン・マクガークが端的に述べている。「私たちは立憲主義者か、そうでないかのどちらかだ。もし立憲主義者で、政治的武器の有効性を信じるならば(そうでなければなぜ労働党があるのだろうか)、選挙で過半数が獲得できなかったからといって、一転して労働争議に移行すべきだと要求するのは、賢明でも民主的でもない」(Miliband 1975: 69 からの引用)。しかし、こうした見解は常に共有されていたわけではなかった。例えばフランスの新たな左翼政党の党首ジャン＝リュック・メランションは、選挙で敗北した直後、支持者を引き連れて街頭に繰り出すと宣言した。また、このような手段がすべて戦略的に考慮されて実行に移されるとも考えられない。どんな社会にも、結果を考えずに行動する狂信者の一派が存在するからだ。

ある集団が制度上での利害の相互作用で利用できる資源、制度的枠組み外での行動で用いることのできる資源のいずれも、その集団ごとに決まっている。多国籍企業は効果的なロビー活動を行えるかもしれないが、人々を街頭に動員することはできない。労働組合の政治的影響力は弱いかもしれないが、ストライキで損害を与える力は持っている。軍は制度上は何の権力も持っていないかもしれないが、武器を持っているのは彼らだ。紛争を効果的に緩和するためには、制度的枠組み内の特定アクターの権力が、枠組みの外で目的を実現できる能力と乖離しないようにしなければならない。制度というのは、非制度的な権力に脅かされながら機能するものなのだ。

3　制度が紛争を制御することができるのは、敗者が制度的ルールを適用して決定される結果を受け入れる時である。政治制度を利用していてもなお、政治アクターは自身にとって好ましくない結果を拒否するかもしれない。そのような事態はありえないと考える人がいるかもしれないし、実際そのように考える理論家もいる。ある集団が「制度の中で挑戦し、失敗すれば制度から退出する」という戦略を採用すれば、制度上の勝利が無意味だと悟った対立集団が制度内で行動しなくなる、というのがその論拠だ。そして、「アクターがあるルールに同意する場合は、それに従うだろう」し、「従うつもりがなければ、そもそもルールに同意しないだろう」という議論に至ることになる（Buchanan and Tullock 1962, Calvert 1994）。だが私たちは、あるルールに則って紛争が終結に至るはずだったにもかかわらず、敗者が結果を受け入れずに非制度的な行動へと逆戻りするような事態を目の当たりにすることもある。例えば、組合の締結した労働協約を一般従業員が拒否して、山猫ストが起こることがある。あるいは、フランスでは教育改革のたびに決まって大規模な反対運動が起こるように、立法府が制定した法律に対して人々が街頭で抗議の声を上げることがある。選挙結果でさえ、敗者がこれを常に受け入れるとは限らない。崩壊した民主主義体制のうち、一九三二年のホンジュラスと、一九五八年のコスタリカの事例がこれに当てはまる。その理由は不確実性にある。制度上の相互作用の結果を正確に予測することは不可能だ。したがって、ある集団が制度的枠組みの中で活動すれば何かが得られるだろうと事前に見込んでおきながら、結局それを逃し、制度的回路から退出して得られるものよりも悪い結果を迎えることが判明するかもしれない。反対に、他の集団が相手にとって損失は許容範囲内だろうと事前に考えていても、後にそうでなかったことが判明するかもしれないのだ。

制度を理解するうえで重要なのは、紛争を終結させるためのルールが明確に定められているかどうかだ。例えば先にみたチリの事例〔第三章参照〕では、国家の武器の独占をめぐって、二つの矛盾したルールが法的枠組みに含まれていた。一方では、議会によって軍に武器の独占権を与える法律が制定され、政府庁舎内で武器を捜索する権限が付与された。他方では、同法は大統領に公共の建物に軍が立ち入ることを禁ずる権限を与えていた。このため、武器捜索の憲法上の位置づけが曖昧になり、大統領が憲法違反を犯さない限り、軍部は政治介入してはならないという原則を遵守していた将軍たちの立場も曖昧になった。憲法の不確定性に関する最も顕著な事例は、一九七七年にエクアドルで起きたものだろう。当時三名の人物がそれぞれ正当な理由をもって自らが大統領だと主張し、最高裁判所がこの紛争の調停を拒否した例だ（Sanchez-Cuenca 2003: 78–9）。事例は数多くあれども、一般的に言えるのは、憲法や法律が特定の紛争を解決するための明確な指針を示さないことがあり、その場合、制度的か非制度的かという区別そのものが崩れ去ってしまうということだ。

こうした紛争や制度の特徴を踏まえると、あらゆる制度があらゆる紛争を秩序正しく処理することなど本当にできるのか、という疑問が当然ながら浮かんでくる。例えば、ワイマール・ドイツに比例性の低い選挙制度があれば、安定した政権が誕生していただろうと考える学者もいる。また、ワイマールを崩壊に導いた制度的原因は、大統領が議会の支持なしに、さらにはその反対を押し切って、内閣を任命できることを認めた憲法四八条にあると考える学者もいる（Bracher 1966: 119）。逆に、チリが大統領制ではなく議会制であったら、中道右派の多数派連合が形成されて、民主主義は生存できただろうと考える学者もいる。フランスでも、大統領制に代わることなく第四共和制が続いていたとしたら、民主主義はどうなっていたかと問う者もいるだろう。残念ながらこうした主張は反実仮想でしかなく、憶測に過ぎない。私たちは、政治的な対立構造次第で、ある制度は効果的で安定した政府を生み出すことができ、別の制度ではできないということは知っている。だが、別の制度的枠組みがあればヒトラーの政権獲得や、チリの民主主義崩壊を防げたかどうかは判断できない。あまりにも多くの不確実性が付随するためである。

民主主義における最も重要な紛争処理のための制度は選挙である。ただし、選挙は特定の日に実施され、しかもほとんどの国では実際の政治状況とは無関係に設定され、近い将来の権力関係を決定するものであることから、紛争処理の手段としては特殊なものだ。もっとも、政治生活に終わりはない。選挙が終わったその日から、各政党は次の選挙に向けた運動を始める。とはいえ、この選挙と選挙のあいだの政治は選挙政治に限られたものではない。多数派に選ばれた政府の政策が、ある問題に強い関心を持つ集団から反対に遭うかもしれない。また、たとえ多数派から選ばれた政府であっても、提案する政策がすべて過半数の支持を得る必要もない。したがって私たちは、選挙で起こることと、選挙と選挙のあいだの期間に起こることとを分けて検討しなければならない。

9・2　紛争処理の方法としての選挙

私たちは、選挙を通じて政府を選ぶ。政党が政策の争点や候補者を示し、私たちは投票し、予め決められたルールに従って勝敗が宣告され、勝者は公職につき、敗者は負けを認める。時には問題が生じることもあるが、ほとんどの場合このプロセスは円滑に進められる。数年のあいだ統治を委ねた後、現職を再選させるか、あるいは問題ある者を落選させるかどうかを決める機会が訪れる。この一連の流れにあまりにも見慣れてしまっていて、私たちは当然のことと考えている。では、なぜこのようなことが可能なのだろうか。

ここでの問題設定は、言い換えれば次のようなものになる。私が欲しいものを、他の誰かも同じく欲しがっているとしよう。時には、自分のものでないものを私が欲しがることもあるだろう。だが、あるルールを適用すると、他人がそれを手に入れるべきだとされる。では、どうして私はこのルールに従わなければならないのだろうか。

政権が変わるかもしれないという見通し自体が、紛争の平和的処理をもたらすかもしれない。この主張を端的に理解するために、公平とは限らないコイン投げで政府が選ばれる状況を想定してみよう。このとき、コインの「表」は現政権の再任、「裏」は退陣を意味する。このようにコイン投げを用いると、「勝者」と「敗者」が決まる。これは、勝者と敗者が何をすべきで何をすべきでないかについての指示でもある。勝者は、ホワイトハウス、ブルーハウス〔青瓦台、旧・韓国大統領府〕、ピンクハウス〔アルゼンチン大統領府〕、または宮殿に住まいを移すことになる。そこにいる間、彼らは憲法の制約内で自分と自分の支持者のためにあらゆるものを利用できるが、任期の終わりには、再び同じコインを投げなければならない。敗者は公邸に移るべきでもなければ、多くを期待すべきでもない。

このように統治する権限が抽選で決まる場合、市民は事前にも事後にも選挙を通じた制裁を科すことができず、現職は在職中に良く振る舞うような選挙上のインセンティブを持たない。抽選で選ばれることで、政権を維持できる可能性が自らの行動と無関係になり、再選を目指して市民を代表しようと政権が行動することは期待できない。要するに、選挙と代表とのあいだには一切の関係がなくなってしまうのである。しかし、政権が交代するかもしれないという見通しは、敵対する政治勢力同士に暴力の使用ではなく、ルールの遵守を促すことになるだろう。敗者は、今回のコイン投げの結果を受け入れれば一時的には苦しむことになるが、次回以降に逆転できる可能性が十分にあれば、政権奪取のため暴力に訴えるよりも、コイン投げの結果に従うほうを選ぶだろう。同じように、勝者は、再度のコイン投げはしたくないかもしれないが、それでも、権力を独占することで激しい抵抗を招くよりは、平和裏に退陣したほうがましだと考えるだろう。

ある選挙での敗者の立場からも状況を検討してみよう。彼らは暴力に訴えて力ずくで権力を奪取するか、敗北の代償を甘受して次回のコイン投げで勝つことを待つか、という選択を迫られる。いずれを選ぶかは、暴力に訴えて勝てる見込み、争うためのコスト、望まない統治をされることによる損失、そして次に勝てる見込み次第である。計算の結果どちらに傾くかは未知数だが、勝者が行う政策が極端でない限り、または次の機会で勝てる見込みが十分にある限り、彼らは待つことを選ぶだろう。一方で勝者は、敗者が武力に訴える事態を回避するためには、自らの政策を穏健にすべきか、あるいは現職の立場を濫用して現在の敗者が将来勝てる可能性を奪ってはならないと知っている。コイン投げで紛争を処理することで、他方の政党が同じように行動するのであれば、各政党にとっておとなしく自分の番を待つことが最善策である状況が生まれる。各政治勢力が政権交代を望むだけで、流血の事態は回避されるのだ。

しかし、私たちは結果を無作為に生む装置を使うのではなく、投票をする。投票とは、意志に対する意志の押しつけだ。投票によって決定が下されるとき、自分とは異なる意見や、自分の利益に反する決定に従わなければならない人が生まれる。投票は、勝者と敗者を生み出し、たとえ制約的なものだとしても、勝者が彼らの意志を敗者に押しつけることを認める。では、投票することにどんな意味があるのだろうか。一つの答えは、選挙権があることで、投票結果を尊重する義務を人々に課すというものだ。つまり、敗者が決定に従う理由は、自発的に参加した決定プロセスの結果に従う義務があると考えているためだ、という見解である。この見方に立てば、政権選択の決定過程に参加できる限りは、まだ確定していない内容の決定を人々が受け入れる準備があるという意味で、選挙の結果は「正統」である。だが私は、この見解に説得力を見出せない。私は、投票は別のメカニズムでもってルール遵守をもたらすと考えるからだ。投票とは「力こぶをつくること」であり、やがて起こる紛争の勝算を占うことである。もし、すべての人間が同じ強さ（あるいは同じ程度の武装）であれば、投票分布は戦争の結果の近似値となる。物理的な力が単なる数の力からかけ離れ、戦争遂行能力が専門的かつ技術的になると、投票が暴力を伴う争いへと発展する確率はもはや予測することができなくなるのは明らかだ。しかし、投票は、人々の持つ情熱や価値観、利益に関する情報を明らかにする。もし選挙が反乱に代わる平和的な行為だとするならば、それは、誰が何に対して反乱を起こすのかを全員に知らせてくれるからだ。つまり、選挙は、敗者に対し「これが力の分布だ。選挙結果による指示に従わなければ、暴力で私を倒す可能性よりも、私がお前に打ち勝つ可能性のほうが高いだろう」と知らせ、勝者には「次の選挙を実施しなかったり、過度に収奪したりすれば、お前に最大限の抵抗を仕掛けるだろう」と伝えるのだ。現職が圧倒的に有利な立場を享受していても、選挙は対立する政治勢力が暴力的な抵抗を最終的に行う可能性についてある程度の情報を提供する。支配の限界を明らかにすることで、政治的暴力を減らすのである。

要するに、選挙が平和をもたらすのは、時間軸を超えた見通しを提供するからだ。たとえ人々が手続きよりも結果を重視したとしても、自分たちの利益にかなう政党が政権を獲得するかもしれないという見通しは希望をもたらし、忍耐力を生み出す。多くの人にとって、二〇〇〇年のアメリカ大統領選挙の結果は惨憺たるものだったが、二〇〇四年に選挙が再びあることを知っていた。その二〇〇四年の選挙がさらに悪い結果に終わってもなお、私たちはまだ二〇〇八年に期待することができた。そしていまだに信じがたいことだが、ジョージ・W・ブッシュとディック・チェイニーを選び、そして彼らを再選させた国で、今度はバラク・オバマが選ばれることになったのだ。トランプに反対票を投じた人々はいま、二〇二〇年に彼が敗北することに期待を寄せている。選挙は、民主主義の警報機である。選挙はとめどなく希望を呼び覚ます。私たちはいつになっても公約に惹かれ、選挙に賭けることに熱を上げる。だからこそ私たちは従い、そして次を待つのだ。民主主義の奇跡とは、対立する政治勢力が投票結果に従うことにある。銃を持つ者が、持たない者に従う。現職は、選挙を行うことで野党に政権の座を奪われるリスクを負う。敗者は、政権を獲得する機会を待つ。紛争は制御され、ルールに従って処理され、制限される。これは合意でもなく、暴力でもない。ただ制御された紛争、すなわち殺戮のない紛争である。投票用紙とは「紙でできた石つぶて」なのである。

もっとも、このメカニズムが常に機能するわけではない。結果に何かが賭けられていても、それがさほど大きくないものであれば、紛争は選挙によって平和裏に処理される（Przeworski, Rivero, and Xi 2015)。もし何も賭けられておらず、つまり誰が当選しても政策が変わらないのであれば、人々は何度投票しても、政府が変わっても、自分の生活は変わらないことに気づく。選挙は無意味に思われ、参加するインセンティブを失ってしまうかもしれない。あまりにも多くが賭けられている場合にも、よく似た危険がある。ある集団にとって敗者側にいることが大きな損失となり、今後勝者となる見込みも薄い場合、敗北が永久に続くか、少なくとも長期にわたると考える。つまり、政権が野党の勝利を事実上不可能にしてしまうと、野党は選挙に背を向けるほかなくなってしまう。

9・3　選挙と選挙のあいだの政府と野党

競争が行われる選挙と選挙の間に公的秩序が維持されるのは、将来の選挙で勝利できるかもしれないと期待する敗者が沈黙を貫くから可能となる、という議論もあり得る。政治を選挙へと還元することをオドンネルは、ラテンアメリカの病理（「委任型民主主義」）だと考えたが（O'Donnell 1994）、ジェイムズ・マディソンにとっては、それこそが政府のあるべき姿だった。人民は政府を選ぶべきだが、その後は、統治に何の役割も果たすべきではない、としたのだ。リップマンは、市民の義務は「公職者を選ぶことであって、公職についている者に指図することではない」と主張した（Lippman 1956）。また、シュンペーターは、有権者に対して「一度ある者を選出したからには、政治活動はその者の仕事であって、有権者の仕事ではないことを理解しなければならない。つまり、その政治家に何をすべきか指図することは控えるべきことを意味する」と戒めた（Schumpeter 1942）。

だが、こうした見方は、説明として明らかに不正確だ（Manin 1997, 2017）。政策をめぐる対立は、日常政治の基本である。政治活動は、選挙運動にも、将来の選挙結果に影響を与えようとする運動にも限られるものではない。さらに、政府の政策への反対は、制度的枠組みにとどまることもあるが、状況によっては、その外部にまで波及する場合もある。

野党は、政府の何らかの行動を阻止したり修正したりできる。政府が提案する政策が議会の承認を要する場合、政府は議会で失敗する可能性がある。野党は、政府案を支持する者に意見を変えるよう働きかけることもできるし、一部の法案を制度的特権を用いて阻止することもできる（ドイツでは委員会の議長職は党勢に応じて比例配分される。イギリスでは、慣例から決算委員会は野党が運営する。アルゼンチンでは法案可決には過半数以上の定足数が要求される）。あるいは、野党は議事妨害戦術で脅すこともできるし（フランスでは電力会社民営化の政府法案に対して何千もの修正案が出されたし、アメリカ上院ではフィリバスターが行われる）、支配する下位政府レベルで協力しないと脅すこともできる。なお、激しい選挙戦になると予想される場合、野党は与党に譲歩するか、次の選挙で政権を奪うべく全面対決するか、という戦略的な判断を迫られる。例えばブラジルでは、フェルナンド・エンリケ・カルドーゾ大統領のもとで、ほとんどの政党がバラマキと引き換えに政府を支持したが、労働者党（ＰＴ）はなびくことなく、政府に反対し、その後の大統領選で勝利を収めた。

野党勢力は、政府の活動を制限するために憲法裁判所に提訴することもできる。ここで留意すべきは、紛争の平和的処理における選挙の果たす機能の論理が、裁判所にも当てはまることだ。紛争当事者が憲法裁判所の判決を尊重しようとするのは、裁判所の公正性、具体的には裁判所がそれぞれの利益を考慮すると信じる場合に限られる。また、敗訴した側が裁判所に従うのは、将来的には勝訴できると信じている場合だ。裁判所があからさまに党派性を持てば、こうした信念は損なわれ、対立する問題を憲法裁判所に提訴することは無益になってしまう。

しかも、野党勢力は議会や裁判所だけに依存する必要もない。街頭でも、工場でも、職場でも反対を表明することができる。街頭デモはストライキ同様、民主的な反対運動の標準的な手段である。デモが秩序正しく平和的に行われる限り、これはある集団が特定の政策への反対や政府に対する不満を表明するためのありふれた戦術に過ぎない。だが、デモが常に平和的なわけではない。時には、不当な弾圧を受けることもあれば、デモ参加者の一派が暴力行為（フランス語でいうところの「壊し屋」）に乗り出すこともある。合法と非合法の境界線は紙一重なのだ。ホフスタッターによる、「組織化された反対運動は本質的に破壊的で違法であるというのが政府の通常の見解である」（Hofstadter 1969: 7）

との分析は、今日でも当てはまる。政府の政策に反対することが、反逆や妨害を必ずしも意味しないという考えは、一八二八年にイギリス議会で行われた演説で初めて表明された。しかし、いかなる反対運動なら体制に従順で、いかなる反対運動だと破壊的なものといえるのだろうか。政府の政策への反対は、代表制の制度的枠組みを通じてのみ行われなければならないのだろうか。それとも、人々は好きなように反対してよいのだろうか。インド憲法の父、ビームラーオ・アンベードカルは、市民的不服従は植民地支配下では適切であったとしながらも、民主主義のもとでは「無政府状態を引き起こす行為に他ならない」と考えていた。イギリスの元首相デイヴィッド・キャメロンによれば、授業料引き上げに反対する学生デモは「民主主義の一部だが、暴力や犯罪はそうではない」（BBCニュース）。道路や橋の封鎖、建物の占拠、ロックアウト、市民的不服従、暴動、そして過激なテロといった行動は、公的秩序を傷つけ、政府を弱体化させることを目的にしている。また、暴力行為が常に政府に対して向けられるとは限らない。私的集団（準軍事組織として組織されることも、単に自発的に結成されることもある）が互いに暴力を行使するのを、私たちは数多く目にしてきた。ワイマール・ドイツやチリ、一九六〇年代の米国でのことだ。

暴力行為に終始するデモ、暴力的な労働争議、道路や橋の封鎖、建物の占拠、ロックアウト、市民的不服従、街頭での衝突、暴動、テロ――これらは、私が言うところの制度の枠をはみ出した紛争であり、公的秩序を崩壊させるものだ。また、実行者にとっても、政府にとっても、また多くの場合第三者にとっても、多大な損失を伴う。これらは、ある集団の戦略的決定の結果生じることもあるが、自然発生的に生じることもある。

政府が立法上の主導権を掌握していて、立法府の過半数の支持も確保している状況を考えてみよう。行政府が主導して、すべての法案は法律になる。また、政府の行動が完全に合法的であったり、裁判所が党派的であったりする時、司法システムへの提訴は無益なものとなる。こうした状況を、ある政策に反対している社会集団の視点から検討してみよう。この集団は、制度的システムの枠内で政府の政策に影響を及ぼしようがない。政府はその政策を採択しようとし、立法府は単なるラバースタンプで何の頼りにもならないからだ。この集団が代表制システムに期待できることは、その政策が非常に不人気であると判明した場合、次の選挙で政権が敗北して政策が覆されることくらいだ。もっとも、政権が再任される可能性が高いと仮定してみよう。すると、この集団は制度的枠組みの中で行動しても何も得られない。このような状況にあっては、制度的回路の外側で行動してまでもその政策を止めようとするかもしれない。

サイエグは、行政府が提出した法案が法律として議会で承認される割合（図9・1の「ボックススコア」）と、暴動の発生率について興味深い情報を提供している。これによれば、政府は立法府で常に望むものを手に入れられるわけではない。彼は、データが入手可能な七八三カ国の民主的な立法府で、行政府による法案のうち七六％しか承認されていないという（Saiegh 2009）。また、民主主義体制下（サイエグの体制分類は Alvarez et al. 1996 に基づいている）で暴動が頻繁に発生するのは、行政府が全く機能していないか、議会が単なるラバースタンプとなっている場合だった。

これらの傾向が示しているのは、政府が十分に統治できていながら、野党もまた政策決定に重要な発言力を持つ場合にこそ、制度による紛争の制御が成功するということだ。政治が制度の枠をはみ出

［図9.1］　法案可決と暴動の割合

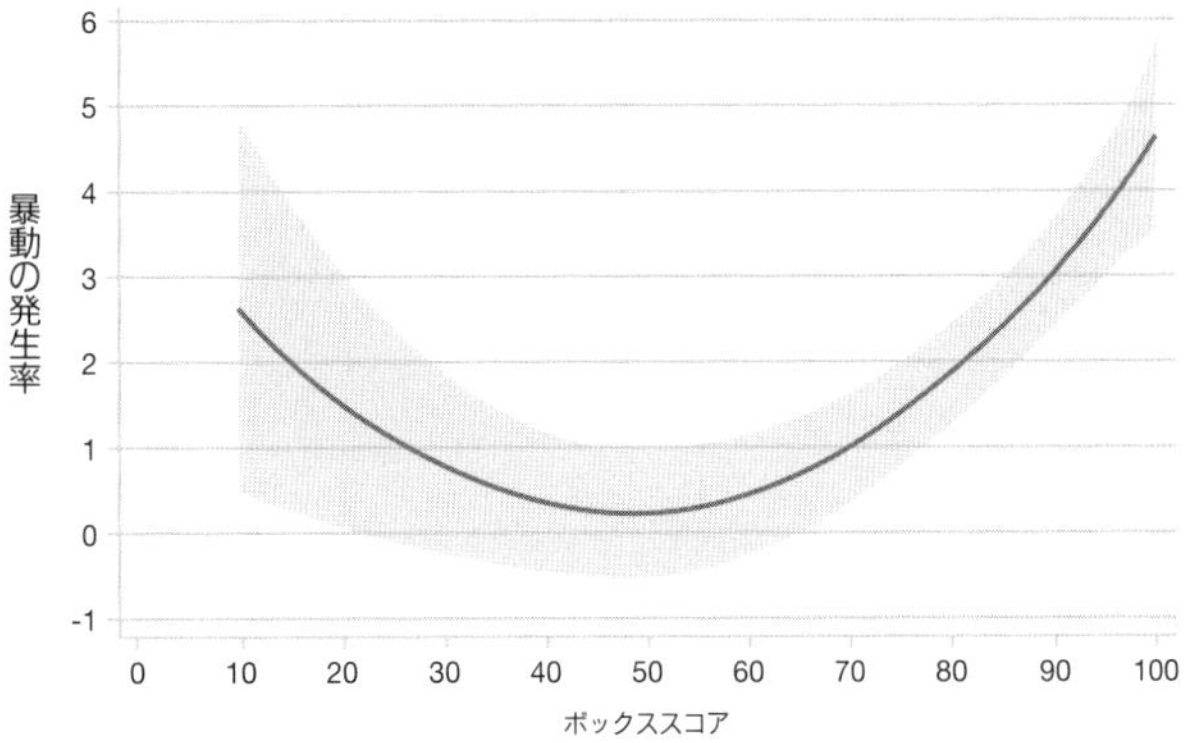

【出典】Saiegh（2009）

すのは、政府が弱すぎて法案を通せないか、あるいは強すぎて立法府の反対を聞き入れる必要がないかのいずれかの場合なのだ。マクロン大統領が大勝した直後にフランスの政治家の何人かがコメントしたように、「もし議会で議論が行われないのであれば、街頭で行われることになる」のだ。

公的秩序の崩壊は悪循環に陥りがちだ。歴史が教えるのは、対立が街頭デモに波及した場合、たとえそれが政府の権威主義的な傾向に対する反対であったとしても、治安維持目的の権威主義的措置には国民の間で支持が高まる傾向があることだ。人々は政府に治安維持を期待するものだ。実際、永続的な混乱状態に耐えられる社会などない。交通機関の長期的なストライキ、物資不足や道路封鎖を引き起こすストライキ、日常生活を麻痺させるその他の行動は、スト参加者の動機に同情的な人々のあいだでも反発を招く。街中での衝突が繰り返されれば、不穏で不安定な雰囲気が漂う。そのため、政府はいつも反対運動を違法なものとして見せかけようとするのだ。特に危険なのは、「政府当局・警察・司法が、暴力的政治行為を非難しながらも、暴力的活動に従事する人々の動機に共感したり、逆にその犠牲者に反感を抱いたりするために、それらに加減して対処する状況」(Linz 1978: 57) である。こうした政治情勢のもとでは、警察や機動隊などの治安部隊は、平和的な抗議行動が相手でも、暴力行為が容認されていると感じてしまう（一九六八年のシカゴ民主党大会で起こった「警察暴動」を思い浮かべてほしい)。こうした部隊の訓練と規律が十分でなければ、悲劇的な出来事は避けがたい（一九七〇年五月四日に発生したケント州立大学での学生虐殺を思い浮かべてほしい)。そして、平和的行動が容赦なく弾圧される場合、一九六〇年代から一九七〇年代にかけてのアメリカ、ドイツ、イタリアのように、自分たちは制度的枠組みから排除されていると考えてテロリズムへと傾倒する者が出てくることになる。

これらが規則的なパターンだと主張しているわけではない。混乱と抑圧のダイナミクスについては、体系的なことはほとんどわかっていない。これらの例から導き出せる唯一の結論は、あらゆる政府は公的秩序の崩壊を回避しなければならないということだ。暴力に転じるデモ、道路の封鎖、交通機関の長期的なストライキ、私的集団間の抗争などに直面した時、政府には二つの選択肢しかない。弾圧に逆戻りしながら政策を続行するか、反対勢力を鎮めるために政策を放棄するかだ。だが、どちらの選択肢も魅力的ではない。騒擾と弾圧の連鎖は治安を悪化させるが、一方で度重なる譲歩は安定した政策実施を不可能にさせるからだ。

9・4　民主主義はいかに失敗するのか

民主主義が良好に機能するのは、代表制が紛争を構造化し、緩和し、ルールに則って制御する時だ。紛争処理メカニズムとして選挙が機能しないのは、結果が人々の生活に何の影響も及ぼさない場合や、現職が自らの優位性を乱用して選挙を非競争的なものにする場合だ。一度選出されれば政府は統治できるかもしれないが、激しい少数派の意見を無視するわけにもいかない。対立が激しく、社会が極めて分極化している場合、主要な政治勢力すべてに受け入れられる政策を見つけ出すのは困難であり、時として不可能でもある。政府によるものであろうと、それに反対する様々な反対勢力によるものであろうと、誤算は制度の崩壊を招く。政府が政策に対する反対を一切無視し、あらゆる反対勢力を反体制的とみなして、不当な弾圧に踏み出すことは、これらを制度的枠組みから排除することを意味する。この時、反対は抵抗に変わる。反対勢力の一部が制度上のルールを適用して導かれる方針を拒否した場合、政府は治安維持のために弾圧せざるを得ないことになる。譲歩と弾圧の適切なバランスをとるのは、難しい匙加減となるゆえ、失政は避けがたいものとなる。

第一〇章　隠密な変化

10・1　民主主義の後退

あらゆる政治家にとっての夢は、いつまでも現職にとどまり、職権を使って好き放題することだ。大多数の民主的な政府は、既存の制度的枠組みの中で国民の支持を得ることでその目標を達成しようとする。しかし他方で、なかには制度を掘り崩し、反対勢力をすべて無力化することで、職務を守り、政策決定の裁量に対する障壁を取り除こうとする者もいる。最近では、トルコの公正発展党（ＡＫＰ）政権、ベネズエラのチャベスおよびマドゥロ政権、ハンガリーの第二次フィデス政権、ポーランドの第二次「法と正義（Ｐ.ｉＳ）」政権などが代表例として挙げられよう。

民主主義の「脱定着」や「後退」とは、民主主義の制度や規範が漸進的に侵食されていくプロセスのことである。ギンズバーグとヒュクは、あからさまな「反転」と区別し、「権威主義的退行」という言葉を用いて、これを「民主主義の三つの基本的な述語——競争的選挙、表現と結社の自由の権利、法の支配——の漸進的（しかし最終的には相当な）衰退のプロセス」と定義している（Ginsburg and Huq 2018a: 17）。「退行」、「脱定着」、「後退」など呼び方は何であれ、それが進行するにつれて野党は選挙に勝つことができなくなるか、仮に勝ったとしても政権を奪えなくなり、既存の制度は行政府を統制する能力を失い、民衆の異議申立ても武力でもって弾圧される。このプロセスは、権力を独占して理想的な政策の実現を阻む者を排除したいという、政府の欲望によって推し進められる。だが、これはまた、政府とこれを妨害しようとする様々なアクターとの相互作用のプロセスからなる。したがって、この道を進む政府の戦略は、邪魔者になりうる者を無力化することに集中する。邪魔者というのは場合によるが、典型的には野党、司法システム、メディア、街頭デモなどが含まれる。

次のように考えてみてほしい。トルコのイスラム化、ベネズエラの「ボリバリアニズム」、ハンガリーの「民族の純潔さの維持」、ポーランドの「キリスト教的価値の擁護」など、特定のイデオロギー目標に深く傾倒する政権が選挙に勝利する。(1) この政権は再選のための能力を高める措置を講じるか、政策決定の裁量を拡大するような措置を講じるかを決める。ラストとワルドナーが言うように、「後退は、選挙や権利、アカウンタビリティを定めるルールや非公式の手続き上の一連の個別の変化を通して発生する。これらは数カ月、あるいは数年単位で時間をかけて起こる」(Lust and Waldner 2015: 7)。具体的な第一の措置の例としては、選挙制度の変更、区割の変更、投票資格の変更(年齢、海外在住者の資格)、野党勢力への嫌がらせ、非政府組織への制限などが挙げられる。第二の措置の例としては、立法府から行政府への権力移譲、司法システムの独立性低下、憲法上の障壁を克服するための国民投票の実施などがある。なかには、憲法改正、国家機構への党派的統制、メディア統制などのように両方の効果を持つ措置もある。こうした動きを受けて、たとえ政権の政策を支持し、その政策に起因する成果を享受していたとしても、民主主義を重んじる市民は政権に反旗を翻すかもしれない。反対勢力が台頭すれば、政権はその座を追われるかもしれないし、あるいは台頭を見越してそれ以上の措置を講じなくなるかもしれない。

基本的には、反対勢力は議会で法案を否決するなどの法的手段で阻止するか、大統領拒否権や有利な裁判所の判決を得ることで、政権が次の段階に進むのを食い止めることができる。しかし、先に紹介した四つの事例の展開を見れば、政権はたびたび法的な障壁を乗り越えようとしてきたことがわかる。トルコでは、二〇〇七年に議会が可決した大統領公選制に関する憲法改正案に大統領が拒否権を発動すると、政権は国民投票を実施して改正を実現させた。ベネズエラでは、二〇一五年一二月に野党が議会選挙で勝利を収めると、マドゥロは議会に代えて新たに制憲議会を選出した。ハンガリーでは、二〇一三年に憲法裁判所が選挙制度改革を無効としたため、政権は同裁判所の権限を制限する憲法改正案を成立させた。ポーランドでは、裁判所に関する二つの法案に大統領が拒否権を発動したが、直ちに説得されて翻意した。とはいえ、政権が常に優位に立つというわけではない。例えばポーランドでは、アメリカ企業が株式を所有する反政府系テレビ局への制裁金が撤回されたこともある。それでも、反対勢力による法的な対抗措置はせいぜいプロセスを遅らせる程度で、阻止するには無力だ。それだからこそ私たちは、政権を交代させ、民主主義が劣化するプロセスを覆すための有効な脅し主として、反対勢力を捉えなければならない。

当然ながら思い浮かぶ疑問は、政府の大多数が自制する一方で、なぜこの道を歩もうとする政府が存在するのか、ということだ。第二に、政府がひとたびそうした措置を講じた場合、在任中に完全な支配が実現する手前で食い止めることはいかにして可能なのか。そして第三に、反対勢力が政権を交代させて、このプロセスを覆すことができるのかどうか、である。

ここで強調しておきたいのは、私たちが理解しようとしているのは「いつ」ではなく、「どのように」してこれが起こるかという点だ。つまり、脱定着がいかなる条件で起こりやすいのかではなく、起こった場合にどのように進展していくのかだ。上述した四カ国の経験から学ぶ——それらを独立変数にとる——のは、なぜある国で後退が起こり、他国ではそうならないのかを探るためではなく、民主主義がいかにして小さな足取りでもって壊されていくかを理解するためにだ（この点については前田（Maeda 2010）、スヴォリク（Svolik 2015）、グラハムほか（Graham, Miller and Strom 2017）を参照のこと）。私たちの問いは、「ここで起き得るか」ではなく「どこでも起こり得るのか」というものなのだ。

10・2 隠密な変化《ステルス》

「後退」による民主主義の破壊に内包されるパズルは、破滅的な状態というものが、どのように、それによって悪影響を被る人々の反抗が間に合わないほどに小さな足取りで、漸進的にもたらされるのか、ということだ。ギンズバーグとヒュクが提起するように、「民主主義の侵食を理解する鍵は、それ自体あるいは抽象的にも民主主義の規範に適うとして是認され得る個々の措置が、いかにしてリベラルな立憲民主主義を解体するメカニズムとして利用されるかを確かめること」である（Ginsburg and Huq 2018b: 91）。「鍋の中のカエル」の比喩では、カエルを熱湯にいきなり入れると飛び出てしまうが、冷水に入れた後にゆっくりと加熱していくと、危険を察知できずに調理されて死んでしまう。

だが、この比喩は事実ではない。近年の実験では、カエルは水が熱くなると不快を感じて飛び出そうとすることがわかっている（Wikipedia「ゆでガエル」の項参照）。では、漸進的な後退はいかにして民主主義の破壊に成功するのだろうか。

最近の経験から得られる最初の教訓は、正当に選ばれた政府に憲法規範を遵守させ、破壊を防ぐ制度的メカニズムが、民主主義には備わっていないということだ。「ワイマール憲法における権威主義の空隙」（大統領令で政府に統治権限を与えることを認めた第四八条のこと、Bracher 1966:119）を利用してヒトラーが政権を握ることができたのは、独裁を合法的にもたらすことのできる欠陥をこの特殊な憲法が有しているからだとされた。もっとも、このような空隙はありふれたものでもある。立憲主義の父モンテスキューは「人が権力を濫用しないためには、事物の配列によって、権力が権力を阻止するのでなければならない」と主張した（Montesquieu 1995: 326）。しかしマディソン（『ザ・フェデラリスト』第五一篇）の見解に反して、異なる政府権力が同じ政党に支配されている場合、チェック・アンド・バランスは効果的に機能しえない。マディソン自身がすぐに気が付いたように（Dunn 2004: 47–61）、憲法上の権力分立は、党派的利害に脆弱なのである。裁判所――憲法裁判所や通常裁判所――は、抱き込まれたり、脅迫されたり、迂回されたりする可能性がある。憲法の全面改正や修正、国民投票を利用すれば、現存の憲法上の障壁は乗り越えられてしまう。治安機関を含む官僚機構も、党派的目的のために利用される可能性もある。公共メディアは党派的な規制機関に管理され、民間メディアは合法的な形で威嚇されたり、財政的に破綻させられたりするかもしれない。ランダウが言うように、「憲法で見受けられる一連の公式ルールは、権威主義体制や準権威主義体制に対して、単なる紙の上の防塞に過ぎないことが証明されつつある。もっと悪いニュースもある。既存の民主主義を防御するメカニズムは、国際憲法学や比較憲法学において、こうした新たな脅威に対して無力だと証明されている」のだ（Landau 2013: 192-3)。

民主主義の脱定着は憲法違反を伴う必要はない。ある憲法学者はアメリカを念頭に置いてこう記している（Strauss 2018: 365–6)。

> ここで起こるとしても、すべてが同時に起こることはないように思われる……一つひとつのステップは不愉快かもしれないが、それ自体は警戒すべきものではない……ある劇的な瞬間でもって、民主的制度が破壊されてしまうことはない……権威主義へと進んでいくステップが常に明らかに違法だとは限らないし、大抵の場合はそうではない……実際、ステップの一つひとつは条文に準拠しているかもしれない。しかしそれ自体は合法的であっても、自由民主主義を少しずつ弱体化させていくおそれがあるかもしれないのだ。

より広い見地から、別の憲法学者は次のように述べる。「出来事のさなかに転換点を見分けるのは困難だ。新しい法律や決定、変革の一つひとつは、狼が来たと叫ぶには十分でないかもしれないからだ。事後になってようやく、自由民主主義から偽りの民主主義へと足を踏み入れてしまったと気づく。閾値を超える瞬間は、さなかに生きている時、そうは見えないものなのだ」(Sadurski 2018: 5)。「正当な民主的信任を得た体制内にある法的メカニズムが、反民主主義的な目的のために利用されること」

(Varol 2015) ——これが私たちの言う「隠密《ステルス》な変化」である。

明白な憲法違反でも、反民主的でもない措置を政権が講じた場合、その政策の恩恵を受ける一方、民主主義をも重んじる市民はどう反応すればよいかわからなくなる。後退していく政府がとる措置の中には、法律行為ですらなく、単に慣習を変えるだけで事足りるものもある。例えばポーランドの与党ＰｉＳは、新法案の提出に関する議会手続きを少しずつ変更していった。議会規則によれば、政府提出法案に際して公聴会を開かなければならないが、議員提出法案はその対象外であったことから、政府は自らの法案を所属議員個人の提案として通していったのである(Sadurski 2018: 6)。コーラン教育の制限を緩和する議会法(トルコ、二〇〇五年六月)、テロ対策法(トルコ、二〇〇六年六月、ポーランド、二〇一六年五月)、非政府組織が外国から資金援助を受ける場合に外国組織としての登録を義務付ける法令(ハンガリー、二〇一七年六月)などの法的措置も、憲法上の問題はなかった。これらは、法的権限を持つ機関が憲法規定に従って成立させた通常の法律であり、民主的政府が持つ権能の範疇にあった。つまり、憲法改正であっても憲法規定を遵守する限り正当なものだったのだ。こうしてハンガリーでは二〇一一年四月、トルコでは二〇〇七年一〇月(現職大統領が議会法に拒否権を行使した後の大統領直接選挙)と二〇一〇年九月(軍および裁判所に対する文民統制の強化)、そして二〇一一年四月(大統領制の導入)に国民投票を用いる形で、それぞれ憲法改正が実現された。これらは、「民主主義の規範が脅かされているという明確なシグナルを送って抵抗勢力を結集させ得る出来事や政府の行動は存在しなかった」し(Ginsburg and Huq, 2018a)、「権威主義へと緩やかに傾斜していく際には、行動を効果的に呼びかける警告と、明確な呼びかけを訴えることができる野党や運動の指導者の両方が欠けている」（Bermeo 2016: 14）というのが、複数の識者の一致した見解である。

選挙に勝利したばかりの政府のとる法的措置に対して抗議を行えば、反対勢力は往生際が悪いこと、そして、民主主義の規範を尊重していないことを示すだけである。さらに倒錯しているのは、ベネズエラやトルコ、ハンガリーでみられたように、政府が憲法裁判所の囲い込みや支配に成功して、司法審査権を利用して自らの行動を正統化するような場合だ。倒錯という意味は、政府が反対勢力の行動を反憲法的とみなすことを可能にするからだ。トランプ大統領のツイートでは、ロバート・モラー特別検察官の任命は「完全に憲法違反」だとされた（@realDonaldTrump、二〇一八年六月四日午後四時一分）。「民主主義」や「立憲主義」という装いの奪い合いも、民主主義の後退に付いて回る言葉遊びの一つであり、そこでは反対勢力が常に優勢になるとは限らないのだ。かくして、親プーチン派のロシア人ジャーナリスト、ミハイル・レオンチェフは陰険にこう述べている。「圧倒的な社会的支持を得ている勢力が選挙に勝つことの何が民主的でないのか、私には理解できない」（ポーランド紙 *Dziennik* 二〇〇八年一月一九日付インタビュー）。

なお「違憲」という主張には、原則として「非民主的」という主張よりも、厳格な検証を要する。ある法令や政府の行動が憲法に違反しているという表明は、憲法の定める専門機関が条文解釈を行うかたちで行われる。しかし、裁判所は「人々が植民された機関」である（Ferejohn and Pasquino 2003）。すなわち、ここは政治家に任命された特定の人々によって判断が下される場である。したがって、これらの機関を政府が自身の支持者で埋め尽くせば、自身にとって有利な決定を下させることができる。ベネズエラはそのわかりやすい事例だ。さらに、憲法が憲法規定に則って改正されたり、全面的に置き換えられたりすることもある。現行の憲法が硬性であっても、厳格な改正条項《エントレンチメント》を緩和して憲法改正を可能にすることもできる。

裁判所が合憲的に構成され、政府の行動を合憲と判断してもなお、実質的な合憲性が問われることもある。一つの論点は、憲法規定に則って採択された法令が全く合憲性を備えていなくとも、合憲とみなされうるのかという点だ。その最たる例は、一九三三年三月二三日に成立したドイツ全権委任法（「民族と帝国の困難を除去するための法律」）である。「ライヒの法律は、憲法が定める手続き以外に、ライヒ政府によっても制定される」（第一条）と定めたこの法律は、政府に超憲法的権限を与えるものだった。「合憲性」を文字通りに解釈しても、決定的な基準にはならない。このように諸機関が合憲であると宣言した場合には、政府の行動を憲法違反と判断するためには、より広い概念が必要となる。そこでランダウは「国家を以前よりも著しく非民主的にする目的で憲法改正のメカニズムを利用すること」を「濫用的立憲主義」と表現する（Landau 2013: 195）。コロンビア憲法裁判所も、正当に可決された憲法改正であっても違憲となりうると判断している（Ginsburg and Huq 2018b: 188）。もっとも、こうした概念がどうしても曖昧である以上、党派に基づく意見の食い違いは避けられない。

「非民主的」という概念はさらに緩い。ドナルド・トランプの当選に「非民主的」なことなど何ひとつない。彼の政治広告の言葉を借りれば、「我々の運動は、失敗し、腐敗した政治的エスタブリッシュメントを、あなた方アメリカ人がコントロールする新しい政府に置き換えるためのもの」だった。[2]同じように、国民投票が「非民主的」と訴えるのは一層矛盾する。マリーヌ・ルペンは「フレグジット」に関する投票を呼びかけて「あなた方、人民が決める」と約束した。予定されていた選挙を行わないことや露骨な不正行為は、ほぼ例外なく民主主義の規範に反する行為とみなされるが、こうした直感的な事案を除けば何が非民主的な行為なのかという規範はさほど明確ではなく、党派間ではさらに解釈の開きがある。例えばアメリカでは、選挙権が平等に与えられ、公正な選挙が民主主義の要諦であるとほぼすべての人が考えているだろうが、選挙区に偏りがないことや、政府が報道機関に干渉することが問題だと考える人は少ないだけでなく、トランプ大統領支持者と反対者との間でも差がある（Bright Line Watch 2018）。

また、政府が講じるある措置が反民主主義的なのかどうかも、しばしば議論の的となる。ある政府が、在外国民に選挙権を拡大したり（エルドアン大統領やベルルスコーニ首相が行った）、投票所で追加の本人確認書類を求める法律を通したり、選挙区割を変更したりしたとしよう。これらの措置は反民主主義的なのだろうか。政府は「すべての国民に権利を拡大したい」、「不正を防止したい」、「すべての票の重みが等しくなるようにしたい」と主張するかもしれない。野党は「政府は権利に関心などなく、自身に投票してくれるからという理由でベルリンのトルコ人に選挙権を広げている」、「政府は不正など気にしておらず、書類を持たない貧しい人々が投票できないようにしたいだけだ」、「政府は自身に有利なように区割を変えている」と主張するかもしれない。それでも、これらの措置すべては、憲法規定に則って講じられているため、手続き上の規範に反するという意味では「非民主的」とは言えない。意見が食い違うのは事実関係ではなく意図の有無に関してであり、そして意図なるものは直接に確認することはできない。

いま、政府が著しく違憲あるいは非民主的な行動をとるかもしれない。例えば、裁判所の判決に従わないことは明らかな憲法違反であり、アメリカでは法廷侮辱罪の対象となる。反政府系新聞を禁止することも民主主義の規範に著しく反する。さらに、違憲や非民主的かどうかにかかわらず、攻撃的なものもある。一九七〇年五月四日にケント州立大学で起きたような平和的なデモ参加者への銃撃は、合憲性や規範がどうであれ、広範な怒りを引き起こすだろう。それでも、「隠密《ステルス》な変化」とは、政府が一定の措置を講じるプロセスであり、そのどれもが著しく違憲でも非民主的でもないものの、それらが積み重なっていくことで、反対勢力が政府を排除する能力を削いだり、政策決定における政府の裁量を拡大したりしていくのである。

10・3　上からの破壊のダイナミクス

「紙の上の防塞」では、政府が密かに進める民主主義の侵食を防ぐには十分ではない。そこで問題となるのは、民衆が反対運動を展開することで、後退を企図する政府にその動きを断念させたり、さらにはその政府を打倒したりできるのか、という点だ。

政府は、現職の優位性を高めるための措置を講じるか、政策を理想に近づける措置を講じるか、あるいはその両方をとるか、反対勢力の規模を予想しながら、判断を下すと想定してみよう。これに対して、個々の市民は政府がさらなる措置を講じ続けるのか見定めながら、反対するか支持するかを判断する。政府が権力の座にとどまり続けられる確率は、潜在的な反対勢力からその地位を守るためにとる措置の数と、反対勢力の規模によって決まる。政府がこのような措置に成功するほど、政府を倒すための同じ確率を生むにはより大きな反対勢力が必要となる。政府は、その地位を維持し、望む政策を実施するうえで、制度的な均衡よりも何らかの措置を講じることが有利になると判断する場合に、後退の道を歩んでいくことになる。そして、さらなる措置を講じることで得られる利益が、反対勢力が拡大する危険性を下回る場合に、後退の歩みを止める。上でみたような確率に応じて、政権は各段階で退陣させられる可能性を抱える。

民主主義の尊重、移民対策といった政策、所得増などの成果に対する関心の程度は、個々人によって異なる（Svolik 2017, Graham and Svolik 2018）。政府による成果を好まない人々（例えばトランプ政権下での環境保護主義者）は、民主主義に対する愛着に関係なく、政権に反対するだろう。逆に政府の政策を支持する人々は、民主主義へのダメージと引き換えに、政策からの利益を得る者だろう。ここでいう「民主主義」とは、十分な多数派が反対した際に選挙（あるいは弾劾や不信任決議などの何らかの憲法規定）によって政権を排除できることを指す。もちろん、民主主義を一切顧みない人々がいることも否定し切れないが。

ここまでは一般的な議論に過ぎないが、他にも様々な可能性が考えられる。反対運動は全く見られないかもしれないし、最初は休眠状態にあっても、あるとき突然に生じるかもしれない。あるいは、ある一定の水準にとどまるかもしれないし、政府の特定の措置に反発して散発的に広がるだけかもしれない。適切な想定をすれば、どのような結論でも導き出すことができ、結論を導き出せるのだとすれば、政府が脱定着の道を歩む一般的条件や、（もしあるとして）反対勢力の脅威に晒されて歩を止めたり、途中で排除されたりする条件を探ることで、こうした可能性も考えられるということを指摘しておこう。

核心的な結論は、[3] 民主主義を少しでも案じる人々が、ある措置が遠い将来に及ぼす影響を予期しているかどうかに、すべてはかかっているということだ。これらの人々が後退の累積的影響を予期する場合、民主主義を重視する人々は後退していく政府に直ちに抵抗するだろう。政権の側も、反発を見越して後退の道を進み続けたりすることを控えるだろう。このことは、たとえ当初は政府が後退の意図を持っているか不確かで、政府が何らかの措置を講じて初めて、自分たちの対峙する政権がどのようなものであるのかについての考えを改める場合でも成り立つ。一方で、人々が自分たちの現状にしか反応しない場合、反対勢力の生起はすでに遅きに失し、後退を意図する政府が現職の優位性を確固たるものにしたり、政策決定の裁量を妨げる制度的障壁を取り除いたりする、多数の措置を講じるのを防ぐことはできなくなってしまう。反対勢力は、民主的政府が後退していく政府の政策手段の一部を採用するのであれば早く立ち上がることができ、別のある措置が現職の優位性を高めるためのものかどうか不確かならば遅くなるが、どちらにしても政府の後退を阻止することはできない。したがって、民主主義を侵食する累積的影響を及ぼすような政府の行動に対して人々が初期段階から抵抗しない限り、民主主義は侵食されることになるのである。

個々の市民にとって、民主主義を守り抜くことは難しく、おそらくは無理難題に近い。民主主義をいずれ破壊しかねない政府に対して直ちに行動を起こすためには、政府の政策やその成果[4]からの恩恵に服している人々が、これらの長期的影響を見通さなければならない。仮に人々が一貫した時間選好を持ち（Akerlof 1991）、将来を憂慮しているとしても、一見民主的な措置がもたらす累積的影響を予測しなければならない――つまり、隠密な変化を見抜かなければならないのである。将来を予測できないことは完全合理性の仮定に反するだけでなく、これは骨の折れる仕事であり、それを実行できないのは無理もないことだ。次のような一連の出来事を考えてみよう。政権は、投票所で追加の本人確認書類を要求する法律を採択し、反政府系新聞を取り巻きに買収させ、選挙区割を変更し、選挙を管理・監督する機関を支配してしまう。こうした措置それぞれはほとんど効果がないかもしれないが、積み重なれば反対派が大多数であっても、現職は敗北し得なくなるということは知っておくべきだ。そのうえ、政策同士は相互に作用しあい、さらに予測は難しくなる。シェペルが出す例は、ワイマール憲法第四八条は、議会が拒否できるという条件のもとで大統領の緊急事態宣言を認めていたこと、そして第二五条が大統領に何らかの理由で議会を一度解散することを認めていたことが相互作用した結果、議会が解散されれば大統領は意のままに緊急事態を宣言することができた、というものだ(Sheppele 2013)。この憲法を起草した最も優れた憲法学者でさえ、こうした組み合わせのもたらす影響に気づかず、致命傷となったのだった。

野党指導者が遠い将来を見据えるように啓発してくれると考える人もいるかもしれない。しかし、その果たし得る役割は限定的である。野党による忠告は、人々の信念に影響を与えるうえで有効だとは思えない。動機の是非はともかく、野党指導者の目標は現職を交代させることにあると、人々は知っているからだ。野党指導者が政府のあらゆる行動を批判すると、人々はそのメッセージを無視する傾向がある。オースティン＝スミスが言うように、利害関係から推測できる言論は信頼に値しないのである(Austen-Smith 1992)。また、過激な反政府勢力だけが街頭に出ても、政府が「反対勢力は非民主的である」と主張することで、他の人々が参加しにくくなってしまうかもしれない（Shadmehr and Berhardt 2011）。

実際に、民主主義から後退していく政府は、継続的に国民からの支持を享受してきた。私の知る限り、後退している政府が選挙に負けて退陣した事例は二〇一五年のスリランカだけであり、しかもこれは連立政権からの大規模な離党によるものであり、その後に大統領となったのは前政府の閣僚だった。また、一時的な逆風にあったものの、後に回復して与党であり続けた事例もある。トルコAKPは二〇一五年六月七日の選挙では得票率四〇・九％で議席の過半数を獲得できなかったが、再選挙を要求し、五カ月後には四九・五％の票を得た。その三年後の二〇一八年六月の大統領選挙では、エルドアンが五二・六％で勝利した。ポーランドでは、政府が憲法裁判所を攻撃し始めた二〇一五年には、調査回答者の過半数が「政権の業績はよくない」と考えていたが、二年後の二〇一七年一〇月には過半数が政府を肯定的に評価していた（Kantar Public 2018）。ハンガリーでは、二〇一八年四月の再選挙でフィデスとその協力政党が得票率四四・九％で勝利した。ベネズエラでは、二〇〇六年にチャベスが六二・八％の得票率で再選を果たし、二〇一二年には五五・一％で再度の当選を果たした。彼は世論調査で過半数の支持を得ていたし、野党が多数派になったのは彼が死んでからのことだ（Venezuelabarometro）。そしてアメリカでは、何が起ころうともトランプ大統領の支持率は四〇％前後でもって推移した。これらのことは、多くの人が民主主義に全く関心がないか、あるいは投票時や調査票に回答する際、民主主義への長期的な影響を考慮していないかのどちらかであることを示している。

10・4 ここで起こり得るのか?

結論は、すべて推測の域を出ない。抵抗にあっては、その意図も、遂行する決意のいずれも重要であり、適切な時期に実行して持続することで初めて効果的になるものであって、反対勢力が立ち上がる条件すべてが満たされるのは難しい。しかも、民主主義を逸脱した政府を市民が効果的に脅かし、その道を進むのが阻止されるであろうという楽観論(Montesquieu 1995: 一九編、一九章、Weingast 1997, 2015, Fearon 2011)には、残念ながら根拠がない。モンテスキューは、もし権力が濫用されれば「それに対してすべてが団結」することで革命が起きるが「それは政治形態も、国家構造も変えないだろう。自由が作り出す革命は自由の確認に他ならない」と期待していた。だがこうした見解は、政府が自由を著しく脅かし、憲法規範に反し、民主主義を弱体化させるような何らかの行為がなされることを前提としている。しかし、政府が密かに事を進める時、市民が抵抗するのは、その政府の行動が長期的に何をもたらすかを理解できる時だけだ。つまり、後退している政府に対する抵抗は、個々の市民に困難な課題を突き付けるのだ。隠密な変化であることで、長期的な危険性が曖昧にされてしまう。そして、もし反対勢力によって政府の一連の合法的措置が阻止されなければ、違法な措置を阻止する段階では手遅れになってしまう。

こうしたことはどこでも起こり得ることなのだろうか。アメリカでも起こり得るのだろうか。ここに悪夢のような以下のシナリオが考えられる。

まず議会が、「合衆国政府、議会、大統領に対して、侮辱または評判を貶める目的で書かれた虚偽、中傷、悪意のある文章」（一七九八年煽動法：Stone 2018: 491 参照）、あるいは合衆国政府、国旗、軍隊に「不忠誠、不敬、下品、侮辱的な言葉」を用いる文章、または他者が合衆国政府や政府機関を軽蔑する原因となる文章の発表を禁止する法律を制定する。この法律で有罪となった者は五年から二〇年の拘禁刑が科される（一九一八年煽動法）。

そして、最高裁判所が選挙区割について各州議会に広範な裁量を認める。

そして、今度は議会が政府機関の許可なく公文書を公開すると、罰金または拘禁刑の対象となる法律を可決する。これができるのは、「政治指導者を困惑させたり評判を傷つけたりする疑惑を公の議論から排除するような情報の意図的かつ恣意的開示（または非開示）について、憲法はほとんど制約を課していない」（Ginsburg and Huq 2018b: 67）ためだ。

そして、議会が選挙不正対策法を制定し、有権者登録に必要な書類に関する規則の採用を各州に義務づける。

次に、政府が指名する連邦裁判所判事の数が一一二名（二〇二〇年までに補充すべき欠員数）に達する。

そして、大統領が「政府の部局に雇用されるすべての者は、信頼でき、信用でき、善良な品行と人格を備えていなければなら」ず、「合衆国に対する揺るぎない忠誠心」を示すべきだとする大統領令を出す（一九五三年のアイゼンハワー大統領による大統領令一〇四五〇号、Goldsmith 2018:106 の引用）。このために二〇一六年以前に任命された公務員数百人が追放される。

そして、議会が「正当に採択された法律や規則の実施を妨害する」非政府組織に対する非課税措置を撤回する法律を可決する。

そして、最高裁判事二名が政府任命者に取って代わられる。

そして、議会が新たなテロ対策法を可決し、それに基づいて「国家の安全を脅かす」者が予防拘禁の対象となる。「同じことは二度と起こらないと考えているなら、考えが甘い。なぜなら、「戦いの間は、法は黙る」からだ」（スカリア判事の言葉、コレマツ対合衆国判決に際して、Minow 2018: 321）。

そして、大統領が再選する。

最後には、大統領が以前は法令の対象となっていた問題に関して、行政命令を立て続けに発する。議会は沈黙を貫く。最高裁も沈黙を貫く。

こうして、民主主義は終焉を迎えることになる。

第一一章　何が起こり、何が起こりえないのか？

「私は諸君に、何が私を今の地位まで導いたかを明らかにしたい。我々の問題は複雑に見えた。民衆はそれをどうしたらいいのかわからなかった。この状況において人民は職業政治家に身を委ねることを選んだ。これに対して私は問題を単純化し、最も簡単に定式化した。大衆はこれに気付いて私についてきたのだ」

（アドルフ・ヒトラー、Linz 1978: 53-54 からの引用）

J・K・ガルブレイスはかつて、「経済予測の唯一の機能は、星占いが信用に値するように見せかけることだ」と述べた。政治的な予測を行うことは、よりいっそう冒険するのに等しい。いかなる状況にも不確実性はつきものだが、大きな問題が絡み、紛争が激しい場合、これは格段に高くなる。したがって、私たちができる最善のことは、現在の危機に内包される可能性としていかなるものがあるかを確認することくらいである。

経済の領域で期待できる最も楽観的なシナリオは、危機——低所得者の停滞、雇用不安、世代間移動の信念喪失——が吹き飛び、経済を原因とした政治的不満が解消され、政治的行き詰まりも解消される、というものだ。先進国では成長が回復し、その平均所得は二〇〇八年以前の水準をようやく上回るようになった。失業率は二〇〇八年以降の水準から低下し、グローバル化、特に低賃金国への雇用流出は減速している。多くの国で賃金水準が停滞する一方、中国の賃金は過去五年間で六四％も上昇した。国内では、柔軟性を高める労働市場改革によって総雇用数が増加するとの見方もある。柔軟な雇用と所得補償を組み合わせることで、所得補償制度とともに、効率性を高めつつも物質的安定を提供できるだろう。したがってこのシナリオでは、経済危機は消え去りつつあり、後から振り返ってみて、この時代は物質的進歩の長い道のりの中で一時的に躓いただけだったとみなされるかもしれない。

反対に、最も悲惨なシナリオは、低所得層の停滞と、高所得労働の消失による不安定さなどを逆転させるものがないというものだ。たとえ成長が加速したとしても、賃金が同じだけ上昇すると期待できる根拠はない。したがって、不平等は拡大し続けることになる。保護主義を用いても、工業やいくつかのサービス業において、従来のような技能を必要とする仕事を守ることができなくなる。たとえ保護主義が雇用流出を減らすとしても、それは省人化を促進することになる。「雇用を取り戻す」というアイデアは、空虚な選挙スローガンに過ぎなくなる。歴史をみれば、人が機械に置き換えられても、それに代わる新たな仕事が生まれたため、総雇用数はほぼあるいは全く変化しなかったが、マッキンゼー・グローバル・インスティテュート（二〇一七）の綿密な調査によれば、現在全職業の約六割で自動化される要素が少なくとも三割存在し、雇用増加率は鈍化していくという。また、人工知能は筋肉だけでなく、脳を置き換える革命的なイノベーションにつながり、その代替率は一層大きくなっていくという、より終末論的な主張もある（Brynjolfsson, Rock, and Syverson 2017 参照）。仮に新たな仕事の出現でもって従来の仕事の消滅を埋め合わせられるとしても、需要が増えるのは生産性が低く、賃金も低い職業となる。アメリカで最も急成長している部門は対人サービス業であり、これは最も賃金の低い部門でもある。アメリカ労働統計局の推計によれば、二〇一六年から二〇二六年の間に、農業以外の賃金・給与職は年率〇・七%で増加していくが、製造職は年率〇・六%で減少する一方、医療福祉職は年率一・九%で増加するとされている。そして、二〇一六年のアメリカにおける平均年間賃金は農業以外で四九六三〇ドル、ホームヘルパーは二三六〇〇ドル、ファーストフード店の調理師は二〇五七〇ドルだった。EU加盟国二八カ国の中でも、二〇〇八年から二〇一六年の間で最も急成長した部門は、専門職、科学者、技術者を除けば、最も賃金の低い部門においてだった。したがって、多くの人がより低賃金の職業への転職を迫られ、それに伴って社会的地位が低下していき、下降移動の認識を持つようになることが予想される。

　このシナリオで分配が受ける影響は、所得の再分配政策で緩和されるかもしれない。直感的には、不平等が拡大すれば、課税や所得移転、社会サービスを通じた再分配を求める政治的要求が高まると予想される。これは政治経済学の基本的な考え方でもある。だが、この理論が持つ経験的証拠は、ひいき目に見ても不十分だ。実際「なぜ貧乏人は金持ちから奪い取らないのか」という問いは絶えず困惑の種になっており、答えは一致しない。[1] さほど目新しいものではないが、普遍的で最低限の「市民」所得という構想がいくつかの国で政治的に検討されつつある。このように、労働から解放された時間を「失業」としてではなく、なかには非常に不快なものも含まれる、不必要な活動からの解放とみなすことも必要かもしれない。しかし、それなりの水準のユニバーサル・インカムがたとえ財政的に実現可能だとしても、スラム化——すなわち、居住区の分離、質の低い教育、失業、犯罪といった悪循環を克服するには十分でないかもしれない。ひとたびスラム街（フランス語でいう「ヴィル（villes）」やスペイン語でいう「バリオ（barrios）」）が作られてしまうと、政策によってこれを解消するのは難しい。右派と左派のいずれの政策でも無効なのだ。ゆえに、このシナリオでは、不平等だけでなく社会的分離が残り続け、しかも増加していくことになるだろう。

ここまで見てきたように、経済領域で起こり得る未来は多岐にわたり、都合よく危機が消滅する可能性から、政治システムを通した再分配が行われず危機がさらに深刻化するシナリオまでが考えられる。可能性についての書きぶりからもわかるように、私は悲観的なシナリオを予想している。政府が不平等を拡大し、所得補償を削減するような大規模な計画を進めているアメリカの現状が、こうした全般的な見方に影響を及ぼしているのかもしれない。確かに、いくつかのヨーロッパ社会は不平等をより嫌っているし、ヨーロッパのいくつかの政府は不平等の危険性をより敏感に感じ取っている。このような可能性の中で未来がどのようなものになるのかについての判断は、読者に委ねておこう。

政治の領域では、左派と右派で台頭しつつある政党はいずれもが「ポピュリスト」だ。彼らは、既存の代表制はエリートの利益に奉仕するものであって、「人民」に十分な声を与えていないと主張する。「ポピュリズム」という言葉が登場したのは一九世紀末のことだが、こうした主張は代表制と同じくらい古くから存在する。反連邦主義者にとって、「政治貴族」は社会の貴族とすでに同じくらい危険な存在だったのだ。彼らは、もし統治者が被治者にではなく、「権力を行使する者が人々とつながりを感じていない時」、「きまって腐敗と暴政がはびこる。しかもこれは、王や貴族、司教だけでなく、選挙で選ばれた議員にも当てはまるであろう」（Ketcham 1986: 18）という危機感を抱いていた。それゆえ彼らはニュージャージー州で一期、半年という短い任期、任期制限、議員が自らの給与を決めることの制限、解職および弾劾手続きなど、フランスのマクロン大統領が提案した施策とほぼ同じものに熱心に取り組んだ。

アメリカ独立革命やフランス革命に端を発し、世界各地で徐々に採用されることになった政治システムである代表制民主主義は、周期的に広範で激しい不満に直面する。この不満の一部は、自分たちを統治する者を集団で決めるというシステムの本質的な特徴が持つ、不可避かつ不愉快な代表制民主主義の限界から来るものだ。しかし、以下のように、これは代表制というシステムから生まれる病理に由来するものもある。

民主主義の仕組みに関して広く誤解されていることの一つに、「選挙は選択肢を与えない」というものがある。政党が提示するのは「トゥイードルダムとトゥイードルディー」〔マザーグースに登場する瓜二つの小男〕であり、「白い帽子と白帽子」〔フランス語の慣用句〕でしかない、とされる。コーン＝ベンディットは、選挙とは「ジン・トニックかトニック・ジン」の選択に過ぎず（Cohn-Bendit 1968）、ジャーナリストのフリードマンは「ペプシコーラかコカコーラ」のいずれかを選択するものでしかないとした（Friedman 2001）。疑うまでもなく、人々は政党が提示する案の中からしか選択できず、かといって考え得るすべての公約が選挙で示されるわけでもない。とりわけ、アメリカのように新党の結成がほぼ不可能な場合や、二大政党が大連立を組む場合などには、選挙での選択肢は限られてしまう。だが、個人が投票日に手にしている選択肢がほとんどないからといって、人々が集団として選択を行わないわけではない。政党が選挙で提示するのは自分たちを勝たせてくれる可能性が最も高いと考えるものだが、他方で、自分たちを勝たせてくれる可能性が最も高いものとは、多くの人が望んでいるもののことでもある。したがって、もし政党が人々の望みを正確にわかっているならば、彼らはそれと同じ公約を掲げることになり、そうすれば個人は投票所で選択肢を失うことになる。つまり、公約が異なっているとすれば、それは政党が個々人の選好を明確に知らないからなのだ。もし絶対多数派あるいは相対多数派が異なるものを望んでいるのであれば、各党はそれぞれ異なるものを提示するだろう。公約はやはり世論の中央に収斂しても、それぞれ異なるものになるだろう。だからこそ、個人が投票する際には選択肢がほとんどなかったとしても、人々は集団として選択をするのである。

もう一つの不満の源は、選挙において一個人が何も決められず、無力感を生み出していることにある。個人が私的な選択をすることで、結果が発生する。だが個人から見れば、選挙結果は自分の行動とは無関係だ。「私がAに投票したから、Aが勝つだろう」と言う者はいない。せいぜい私たち一人ひとりにできるのは、投票した後に家に帰り、他の人がどう投票したかを知るためにテレビの前で待ちわびることくらいなのだ。集合的意思決定が、結果に対して等しい力を持つ多くの人による単純多数決で下される場合、それに因果効果をもたらす者はいないということになる。選挙の価値は、個々の有権者が最終結果に実質的な影響力を持つことにあるのではなく、個々の意志の総和でもって集団的な選択がなされることにある。だから、たとえ人々が選挙を集団的意思決定のメカニズムとして評価したとしても、個人として政治的に無力感を覚えることに変わりはない。

代表制に対する不満が周期的に噴出する根底には、もっと深刻な問題が横たわる。民主主義とは、少なくとも一定期間、誰が自分たちを統治するかを人々が集団として決定する制度のことだ。しかし、統治者がたとえ選挙を通じて選ばれても、私たちは支配されることには変わりない。つまり、ある者がしたいと思うことを禁止され、ある者が望まないことを強制されることになる、ということだ。近代的な代表制の成立を正当化したのは、「人民の自治」という理想だった。ルソーが提起したように、解決されるべき問題は「各構成員の身体と財産を、共同の力のすべてをあげて守り保護するような、結合の一形式を見出すこと。そうしてそれによって各人が、すべての人々と結びつきながら、しかも自分自身にしか服従せず、以前と同じように自由であること」にあった（Rousseau 1964: 182）。しかしこの問題は、実際には誰もが同じことを望んでいる場合にしか解決しない。利害が対立し、価値観が多様化した社会では、支配されるということは、自分の意志に反して他人の意志に従うことを意味することになる。民主的に選ばれた政府は、ある者から金を取り上げて他の者に与えることも、親に子どもの予防接種を強制することも、人々を刑務所に閉じ込めることもできるし、残忍な国では人を殺すことさえできる。平和な共存のためにはたとえ支配されなければならないとしても、誰も望んで支配されたがらないのは当然のことだ。

代表制民主主義に対するこうした不満は、平和に共存しなければならないという条件が個人に課す限界から生じるものだ。民主主義は集団生活を営むうえで一番ましな方法だろうことを私は確信しているが（Przeworski 2010 参照）、どんな政治体制であっても、実現できることには限界がある。物質的安定であれ、治安であれ、あるいは文化的価値や規範の実現であれ、人々が最も関心を抱くものを民主主義が提供できなければ、こうした不満が再燃するのは当然のことだ。民主主義に対する態度は結果次第であり、ゆえに民主主義が危機を経験する可能性も否定できない。

しかし、こうした民主主義の一般的な特徴は、「反エリート」、「反既得権益」、「反システム」などのポピュリストによるレトリックが横行していることの説明にはならない。台頭する政党のスローガンは、どの国であっても、二〇〇一年の危機の際にアルゼンチンの街頭で叫ばれた「みんな出ていけ（“Fuera Todos”）」のリフレインだ。冷めた解釈をすれば、既成政党にすべて取って代わって政権につこうとするアウトサイダーの道具に過ぎないのだ。しかし私たちの代表制は、その設計通りエリートの利益を優先しているのは事実ではないのだろうか。根強い不平等を嘆く一方で、代表制に対するポピュリストによる批判に文句をつけるのは、矛盾していないでもない。

代表制とは、大部分が貧しく読み書きのできない大衆が参加することに恐れを抱えながら生まれたシステムである。どの国でも、その「創設者」たちが抱えていた重要な問題は、貧しい人々から金持ちを守りつつ、代表制のもとで金持ちのための政府をいかに作るかであったという理解は、それほど間違ったものではない。政府は選挙によって選ばれることになっていたが、その選挙とは単に、社会的・経済的な地位に基づいて統治する資格のある人々の優越性を追認するものに過ぎなかった。宗教的・経済的な対立の中で作られた代表制は、選挙と選挙のあいだで人々の発言を封じるか、あるいは少なくとも最小限にするよう設計され、あらゆる「中間組織」――クラブ、協会、労働組合、政党など——を市民の平和を脅かすものとして取り扱った。多数派の専制に対する防波堤として機能することが期待された代表制は、権力の抑制と均衡を確保し、多数派の意志から現状を防御することで、善悪にかかわらず政府がほぼ何もできないよう設計されたものなのだ。そのうえで、貧困層の利益は富裕層に代表され、女性の利益は男性に保護され、「未開人」は入植者に導かれるべきと教え込まれた。所有権を失う恐怖が定着すると、自治、平等、自由といった概念は、寡頭支配と両立するよう、巧妙な知的装飾がほどこされるようにもなった。ジェイムズ・マディソンは、人々は「誤り」を犯し得るため信用ならないと語り、シモン・ボリバルも同じように発言し、ヘンリー・キッシンジャーはアジェンデ大統領は「チリ国民の無責任さによって」選ばれたと断言した。

つまり代表制という特定の形態は、現状維持のために設計されたのである。この現状とは、それが何であれ、一時的な多数派に対する所有権の維持を中心とするものだった。二院制と大統領拒否権が存在したことから、現状の変更は超多数派をもってしか実現しない。選挙権の制限、公開投票、そして間接選挙は、エリートの政治的影響力を保護するものだったのである。所有権を保護するこれらの防壁は次第に取り除かれていき、参政権は普通選挙に、公開投票は秘密投票に、間接選挙は直接選挙に、議会は多くの場合一院制となっていった。だがその代わりに、司法審査（Ginsburg and Versteeg 2012）、公選によらない中央銀行への金融政策の委任（Cukierman, Edwards and Tabellini 1992）、独立規制機関といった、新たな反多数派メカニズムが導入されることになった。例えば、一九九二年のマーストリヒト条約は、年間の財政赤字をGDP比三％以下に制限し、ヨーロッパの各国政府から景気対策のための経済政策の手段を奪い、社会保障支出に制約を設けた。

これら制度的な防壁がなくても、選挙は本質的にエリート主義的であり、マナンに言わせれば、「貴族的な」メカニズムですらある（Manin 1997）。そこでは、有権者は誰もが等しく統治を行う能力を備えているわけではないことを認め、ある点で際立っていると思われる人物を選出する。その能力の証としてどんな素質を求めるかはともかく、有権者の多くは自分たちとは違う人物に投票したがる。その結果、どの国であっても選挙で選ばれた代表機関の構成は、有権者の構成とは似ても似つかなくなる。結果として、アメリカ上院は「大富豪クラブ」となっている。二〇一七年のフランス議会選挙では反エリートのスローガンを掲げた政党が勝利したが、おそらく最も皮肉なことに、学歴や所得の面では改選前よりも多くのさらにエリートが集う議会が誕生したのだった。

イタリアの政治哲学者ノルベルト・ボッビオが民主主義と独裁の違いを分析した際に思いつくことができたのは、せいぜい「エリートが自分を売り込む体制とエリートが居座る体制」という区別でしかなかった（Norberto Bobbio 1987）。しかしエリートが支配するシステムでは、人々には何の権力も与えられない。そう考えると、ポピュリストの発案が「人民の声」をより大きくするための制度改革や「直接民主主義」志向の施策の要求となるのも不思議ではない。これらの提言には、前述の反連邦主義者の要求に立ち帰るものでもあるだろう。つまり、短い任期、任期制限、解職請求、議員給与の削減、官民間の行き来の制限などである。こうした要求は、アメリカでは、大統領の直接選挙や、州議会から独立機関への選挙区割の権限移譲といったものになるだろう。ヨーロッパでは、イタリアの「五つ星運動」の唱える「サーヴェイ・デモクラシー」のような無意味なものから、国民発議の比重を高めること、無作為で選ばれた「準議会」（法律を採択する権限は持たない無作為抽出された市民が特定の法律を立案する組織）の設置など、提案は多岐にわたる。特に興味深いのは、前回のフランスでの選挙の際になされた提言で、それは有権者が「誰も該当しない（白票）」を選ぶことができ、もしその票が過半数を占めた場合、その候補者は立候補できず、さらに再選挙を実施するというものだ。この仕組みが仮に二〇一六年のアメリカ大統領選挙で適用されていたら、どうなっていただろうか。おそらく、トランプもクリントンも当選しなかっただろう。

だが、現在の代表制に対するポピュリストの不満がいくら正当化されるといっても、こうした施策はおしなべて一時しのぎに過ぎない。民主的制度に対する信頼を一時的に回復することはできるかもしれないが、私たちは依然として他の誰かに支配されなければならず、それは自分が好まない政策や法律に従わなければならないという避けがたい事実にぶつかることになる。濃淡はあるものの――制度的枠組みによってはより良い代表性をもたらすものもある――、J・S・ミルが述べたように、結局のところ、全員が同時に統治することは不可能なのだ（J.S. Mill 1991）。したがって、現在の危機に応えて、たとえ何らかの制度改革がなされるとしても、さほどの変化は起きないことが危惧される。

「ヨーロッパ」は異なる問題だ。EUとユーロ圏は、ポピュリストにとっては恰好の標的となっている。その理由の一つは、そこには彼らが代表し得る対象、つまり単数形の「国民（the people）」が存在しないからだ。しかもこれらは、加盟国政府よりも、複数形の人々（the people）にとっての遠い存在である。しばしば「ドイツ人」と置き換える外国のエリートたちに支配されている、という批判はもっともらしい。だからこそ、孤立と保護主義を求める主張が魅力的に映るのだ。

ただし、選挙を通じた急進右派の脅威に関しては、私は楽観的である。いくつかの既成政党はすでに反移民感情を取り込んでいるが、ほとんどのヨーロッパ諸国では、急進右派が選挙で勝利する気配はない。先進民主主義国のほとんどでは、急進右派の熱烈な支持者は、投票者全体の四分の一程度のようだ。トランプが勝ったのは既成政党を乗っ取ることができたからであり、多くの人が彼に投票したのはクリントン夫妻を嫌っていたからであって、彼の人間性や公約のおかげではない。魔人はランプから出てしまったが、これ以上大きくはならないだろう。

しかし私は、急進右派政権、あるいは、その脅威に直面する中道政党のいずれかによる「移民」に対する政策が、誰をも宥めることになるとは思えない。「国民主権」という言葉を用いて、右派は国境を越える人の流入の規制措置を主張しているが、そのような措置を講じたところで、社会を引き裂いている民族的、文化的、宗教的な対立を緩和することはできないだろう。対立の原因は国境にはなく、社会構造の中に深く埋め込まれているからだ。しかも、今や分極化は社会構造の基本単位たる家族にまで及んでいる。一九六〇年には、自分の子どもたちが党派を超えて結婚することを快く思わないとしていたのは、共和党員では五％、民主党員では四％のみだったが、この割合は二〇一〇年には共和党員で四九％、民主党員で三三％にまで達していた。政治的分極化は根深く、偶発的な政治的事件でもって解消などされないだろう。

以上は単なる憶測に過ぎないが、当面の間、大きな変化は起こらないと仮定しよう。成長は鈍化し、不平等と居住地の分離は続き、良い仕事は減り続ける。既成政党は、これまでと同じ政策でもって不平等と居住地の分離に対処しつつ、反移民感情を取り込もうとするだろう。ならば、こうしたシナリオは民主主義を脅かすことになるだろうか。

危険なのは、民主主義が徐々に、そして密かに劣化していくことだ。これは、現職の政治家による敵対的メディアへの威嚇、独自のプロパガンダ・マシンの設置、治安機関の政治化、政敵への嫌がらせ、政府に協力的な民間企業への国家権力を利用した優遇、法律の恣意的運用、恐怖心を煽る目的での対外紛争の誘発、選挙の不正操作などを指す。急進右派が政権についていない国々でも、政府が排外主義者や人種差別主義者の要求に過度に耳を傾け、現状に多くの不満を抱く人々の物質的条件を改善することをせず、市民の自由を制限してしまう可能性がある。

私たちは絶望すべきでもないが、楽観すべきでもない。何か重大な事態が起きているのだ。多くの民主主義国の現状に対するおそらく最も適った分析は、「弱い政党による激しい党派性」（Azari 2016）というものだ。民主的な選挙が紛争を平和的に処理できるのは、政党が紛争を構造化し、政治活動を選挙で表出することに成功している場合のみだ。また、代表制で紛争を処理できるのは、誰もがこの制度に参加する権利を持っており、政党が紛争構造の調整を行い、政党が支持者を統制できており、そして政党が代表を通じて自分たちの利益を追求するインセンティブを持っている時だけである。私は、トランプ政権も、ブレグジットも、ヨーロッパ大陸で選ばれる政府も、多くの人々の日常生活を改善できずに、「反エリート」や「反システム」の感情を強めるだけになることを恐れている。標準的な選挙では、有権者の約半数は敗者の側の候補に投票する。過半数の票を得て当選する大統領はめったにおらず、また多党制のもとでの議会選挙では、議会第一党の得票が四〇％を超えることはめったにない。さらに、当選した政治家を選んだ有権者であっても、その期待は裏切られたと感じる。要するに、私たちのほとんどは、選挙の結果、あるいは、自分が票を投じた政治家の仕事に失望を覚えるのだ。それでも、選挙が終わった後には、次の選挙では支持する候補が勝利し、期待を裏切らない働きをしてくれることを期待する。だから、選挙に継続的に参加して、政権が交代しても、自分たちの生活が変わっていないことに気づけば、「システム」や「エリートたち」に何か問題があると感じるのは、ごく自然のことなのだ。

ポーランドのある諺は、「悲観主義者とは物知りな楽観主義者のこと」と教える。将来について、私はどちらかといえば悲観的である。ほとんどの国で民主主義の生存が危機に瀕しているとは思わないまでも、いまの渦巻いている不満から何が私たちを救い出してくれるのかはわからない。少なくとも、偶発的な政治的事件や将来の選挙結果でこれが緩和されることはないだろう。この危機は単なる政治的なものではなく、経済や社会に深く根を張っているものであって、それこそが私には不気味に思えてならないのだ。

訳者あとがき

本書は、Adam Przeworski, *Crises of Democracy*, Cambridge University Press, 2019 の全訳である。世界的に名高い政治学者である同氏の著作の邦訳は、『サステナブル・デモクラシー』（内山秀夫訳、日本経済評論社、一九九九年）および『それでも選挙に行く理由』（粕谷祐子・山田安珠訳、白水社、二〇二一年）に続く三冊目となる。

著者のプシェヴォスキ氏は、ポーランドに一九四〇年に生まれ、政治経済学、政治体制論、民主化研究を専門としている。一九六一年にワルシャワ大学を卒業し、一九六六年にノースウェスタン大学で博士号を取得した後、ポーランド科学アカデミー研究員、ワシントン大学准教授、シカゴ大学教授などを経て、現在はニューヨーク大学政治学部教授の職にある。また、一九九一年にアメリカ芸術科学アカデミーの会員に選ばれている。主な著書としては *Capitalism and Social Democracy* (1985)、*Democracy and the Market: Political and Economic Reforms in Eastern Europe and Latin America* (1991)、また同氏の名を学界で知らしめることになった民主化研究のマイルストーンである *Democracy and Development: Political Institutions and Well-Being in the World, 1950-1990* (with Michael E. Alvarez, Jose Antonio Cheibub, Fernando Limongi, 2000) がある。

言うまでもなく、一九九〇年代を境とする西欧での極右ポピュリズム勢力の伸張、二〇〇〇年代の中東欧でのポピュリスト政権誕生、二〇一〇年代のブレグジット、トランプ大統領選出、各国での左右ポピュリズム勢力のさらなる台頭は、先進民主主義国の民主主義の変調として大きな注目を浴びてきた。さらに、日本を含む各国でのヘイトクライムの増加、ポスト・ナショナリズムの高まり、キャンセル・カルチャーの蔓延、デモの頻発などは、工業国社会に大きな緊張を与えている。さらに、コロナ危機も手伝い、世界での民主主義国の質のみならず、その数も減退傾向にあるとの指摘が相次いでなされるようになっている。

第二次世界大戦後、さらにポスト冷戦期になって、紆余曲折を経ながらも順調に発展してきたようにみえる民主主義が、いま、なぜ、いかにして危機に陥っているのか、その危機の本質と原因はどこにあるのか、その帰結はどのようなものなのか――コンパクトながらも最先端の研究成果を駆使し、歴史に範を求め、豊富なデータでもって現状を占うのが本書だ。

内容をごく簡単に要約してみよう。第一章では、プシェヴォスキ政治学の特徴である民主主義のミニマリスト定義が解説される。つまり、民主主義とは選挙を中心に機能する。しかし現下の民主主義の危機は、必ずしも明瞭に認識できるものではなく、その定義がなされなければならないことが確認される。

そこで第二章では、八八カ国を対象に、どのような条件で民主主義が崩壊したのかの計量分析がなされている。ここでは、所得水準や政治制度、民主主義の歴史、政治参加の手段などが重要な変数として特定されている。

第三章と第四章では、民主主義崩壊の経験を持つドイツ・ワイマール共和国と一九七〇年代のチリ、逆に危機にあっても民主主義が維持された戦後アメリカとフランスという、対照的な四つの事例が比較検討され、そこから何が教訓として読み取れるのか、あるいは読み取れないのかが示唆される。

第五章は、翻って現代における民主主義の危機の兆候として、何が特定されるかが、検討されている。ここでは既成政党の弱体化やポピュリズム政治の台頭など、馴染みあるテーマがいくつかの重要なデータでもって分析されている。

第六章と第七章は、こうした民主主義の変調がそもそも何故生じているのかが、不平等などの経済的側面、あるいは移民や分極化といった社会文化的側面の両面から考察がされている。ここで提示されるのは、政治的な変動はあくまでも表面的なもので、より根源的な課題が横たわっているということだ。続く第八章は、第三章・四章との対比で、過去との安直な比較を戒めつつ、民主主義を脅かしうる現代の前例のない状況が精査されている。

第九章は、そもそも民主主義の安定には何が条件とされるのかが解説される。著者が重視するのは、とりわけ政治的対立・紛争を調停するための構造的・制度上の役割であり、それゆえの選挙という仕組みが持つ重要性である。

第一〇章は、民主主義が後退しているとして、それはどのように認識できるのか、そしてそれが起きる具体的なケースとして何が想定されるのかが予測されている。ここで指摘されるのは、現在の民主主義の後退が極めて「隠密」な形で行われているということだ。

最終章となる第一一章は、先進国政治が今後歩むかもしれない中長期的なシナリオが検討され、一連の分析を踏まえた著者の懸念が示される。

以上を通読した読者は、現下に広がる民主主義の危機と呼ばれる現象が、いかに複合的な要因から成り立っているのかを確認する知的好奇心を満たされるであろうし、関心をともにする研究者や学生は、民主主義の危機を測定する最先端の議論と研究に触れることができるだろう。

民主主義をめぐる危機については、邦語では樋口陽一『リベラル・デモクラシーの現在』、山口二郎『民主主義は終わるのか』（ともに岩波新書）、邦訳書ではヤシャ・モンク『民主主義を救え！』（岩波書店）、レヴィツキー＝ジブラット『民主主義の死に方』（新潮社）、クラステフ＝ホームズ『模倣の罠』（中央公論新社）、ラリー・ダイアモンド『侵食される民主主義』（上・下、勁草書房）をはじめとして、少なくない研究が存在している。それでも、それら類書にはない本書の特徴は、以下の三点にまとめることができると考える。

一つは、プシェヴォスキ氏ならではの、民主主義のミニマリスト的定義、具体的にいえば、選挙（もちろん公正な、という但し書きがつく）こそが、政治的安定のための要とすることである。すなわち民主主義が危機に陥らないためには、選挙を軸として、昨日の敗者が明日には勝者となるかもしれないという期待値が満たされていることが何よりも肝心だ、とするものだ。

二つ目は、その徹底した科学的目線だ。計量分析と歴史分析から政治学で何が言えて、何が言えないのか、読者によっては禁欲的、もしかしたらぶっきらぼうに過ぎると思わされるその冷静な目線は、他方で政治学がまだ明らかにしなければならない課題を浮き彫りにしているといえるだろう。

最後には、著者自身も自覚しているように、かなり悲観主義的な見通しを持っている点である。とりわけ最終章で叙述されるように、現代は「進歩」という観念が喪失される時期に入っており、その事実がもたらす政治的衝撃は計り知れないものがある。いずれにせよ、安易な民主主義の危機論に乗じることなく、定量的なデータと歴史的事例から、そもそも危機が何を意味するのか、そしてそれはいかに回避され得るのかを考察する議論は、今の時代だからこそ求められる姿勢といってよいだろう。

本書の訳出は、まず吉田が第一章から第五章まで、伊﨑が第六章から第一一章までを担当し、その後相互に通しで訳文をチェック、相互統一を図り、校正は吉田が最終的に校了した。またその過程では、原著に多少の事実誤認があることも確認されたため、重要なものは著者の了承を得て、修正をした箇所があることを断っておく。また、統計用語については金澤悠介氏（立命館大学）、スペイン語については馬場香織氏（北海道大学）に確認をしてもらった。もちろん、誤訳があれば訳者の責であることはいうまでもない。プシェヴォスキ氏の叙述は、研究視角と同様に禁欲的で、簡にして要を得た徹底的にシンプルな構文からなり、それゆえの難しさもあったが、なるべく原著の雰囲気を再現するように心掛けたつもりである。

出版に際しては、白水社の竹園公一朗氏の厚情を得ることができた。良質な訳書を世に送り出し続けている同社から、プシェヴォスキ氏の著作を再び出版できたことは幸いである。

民主主義の危機は、民主主義がもとより内包する定義の多様性や論者の様々な問題意識から多角的に論じられ、それゆえに論点が明瞭でないことがままある。確かなデータと論拠でもって危機がいかほどのものであるのかを提示する本書が、議論の出発点となることを願ってやまない。

訳者

二〇二三年五月

訳者略歴
吉田徹（よしだ・とおる）
一九七五年生まれ。慶應義塾大学法学部政治学科卒業、東京大学大学院総合文化研究科博士課程修了（学術博士）。北海道大学大学院法学研究科教授、パリ政治学院客員教授などを経て現在、同志社大学政策学部教授。専門は比較政治学、ヨーロッパ政治。主な著作に『ミッテラン社会党の転換』（法政大学出版局）、『アフター・リベラル』（講談社現代新書）、『くじ引き民主主義』（光文社新書）、『居場所なき革命』（みすず書房）他。

伊﨑直志（いさき・なおし）
一九九八年生まれ。東京都立大学（旧・首都大学東京）都市教養学部卒業。現在、同志社大学大学院総合政策科学研究科博士前期課程。専門は比較政治学。

民主主義の危機　比較分析が示す変容

二〇二三年六月二〇日　印刷
二〇二三年七月一〇日　発行

著者　アダム・プシェヴォスキ
訳者 ©　吉田徹
　　　伊﨑直志
発行者　岩堀雅己
印刷・製本　図書印刷株式会社
発行所　株式会社白水社
東京都千代田区神田小川町三の二四
電話　営業部〇三（三二九一）七八一一
　　　編集部〇三（三二九一）七八二一
振替　〇〇一九〇‐五‐三三二二八
郵便番号　一〇一‐〇〇五二
www.hakusuisha.co.jp
乱丁・落丁本は、送料小社負担にてお取り替えいたします。

ISBN978-4-560-09358-0
Printed in Japan

人名索引

あ行

か行

さ行

た行

な行

は行

ま行

ら行

文　献

Acemoglu, Daron, and James Robinson. 2000. "Why Did the West Extend the Franchise? Democracy, Inequality, and Growth in Historical Perspective." *Quarterly Journal of Economics* 115: 1167–99.

Acemoglu, Daron, Suresh Naidu, Pascual Restrepo, and James A. Robinson. 2015. "Democracy, Redistribution, and Inequality." *Handbook of Income Distribution,* Vol. 2. Amsterdam: Elsevier. Pages 1886–966.

Acemoglu, Daron, David Autor, David Dorn, Gordon H. Hanson, and Brendan Price. 2016. "Import Competition and the Great United States Employment Sag of the 2000s." *Journal of Labor Economics* 34(S1): S141–S198.

Acherbach, Joel, and Scott Clement. 2016. "America Really is More Divided Than Ever." *Washington Post*, July 16.

Ageron, Charles-Robert. 1976. "L'opinion française devant la guerre d'Algérie." *Revue française d'outre mer* 231: 256–85.

Akerlof, George A. 1991. "Procrastination and obedience." *American Economic Review* 81: 1–19.

Albright, Jeremy. 2010. "The Multidimensional Nature of Party Competition." *Party Politics* 16: 699–719.

Alon, Amos. 2002. *The Pity of It All: Portrait of the German-Jewish Epoch 1743–1933.* New York: Picador.〔アモス・エロン『ドイツに生きたユダヤ人の歴史：フリードリヒ大王の時代からナチズム勃興まで』滝川義人訳、明石書店、2013年〕

Altamirano, Carlos. 1979. *Chili: les raisons d'une défaite*. Paris: Flammarion.

Alvarez, Michael, José Antonio Cheibub, Fernando Limongi, and Adam Przeworski. 1996. "Classifying Political Regimes." *(ACLP) Studies in International Political Development* 31: 3–36.

Andrews, Rhys, Sebastian Jilke, and Steven Van de Walle. 2014. "Economic Strain and Perceptions of Social Cohesion in Europe: Does Institutional Trust Matter?" *European Journal of Political Research* 53: 559–79.

Ansell, Christopher, and David Samuels. 2010. "Democracy and Redistribution, 1880–1930:Reassessing the Evidence." Paper presented at the Annual Meeting of the American Political Science Association, Washington, DC.

Armingeon, Klaus, and Kai Guthmann. 2014. "Democracy in Crisis? The Declin-

ing Support for National Democracy in European Countries, 2007–2011." *European Journal of Political Research* 53: 424–42.

Armingeon, Klaus, Christian Isler, Laura Knopfel, David Weisstanner, and Sarah Engler. 2016 Comparative Political Data Set. 1960–2014. www.cpds-data.org.

Arzheimer, Kai. 2013. "Working Class Parties 2.0? Competition between Centre Left and Extreme Right Parties." In Jens Rydren (ed.), *Class Politics and the Radical Right*. London, New York: Routledge. Pages 75–90.

Atkinson, Anthony B.,Thomas Piketty, and Emmanuel Saez. 2011. "Top Incomes in the Long Run of History." *Journal of Economic Literature* 49: 3–71.

Austen-Smith, David. 1992. "Strategic Models of Talk in Political Decision Making." *International Political Science Review* 13: 45–58.

Autor, David, David Dorn, and Gordon H. Hanson. 2013. "The China Syndrome: Local Labor Market Effects of Import Competition in the United States." *American Economic Review* 103: 2121–68.

Autor, David, David Dorn, Gordon H. Hanson, and Kaveh Majlesi. 2017. "A Note on the Effect of Rising Trade Exposure on the 2016 Presidential Election." Appendix to Autor et al. "Importing Political Polarization? The Electoral Consequences of Rising Trade Exposure." Working paper.

Ayta, Selim Erdem, Eli Rau, and Susan Stokes. 2017. "Unemployment and Turnout." Working paper, Department of Politics, Yale University.

Azari, Julia. 2016. "Weak Parties with Strong Partisanship Are a Bad Combination." www.vox.com, November 3.

Banks, Arthur S. 1996. Cross-National Time-Series Data Archive. Databanks International.

Bermeo, Nancy. 2016. "On Democratic Backsliding." *Journal of Democracy* 27(1): 5–19.

Bitar, Sergio, and Crisostomo Pizarro. No date. *La Caida de Allende y la Huelgade el Teniente*. Santiago: Las Ediciones del Ornitorrinco.

Bobbio, Norberto. 1987. *Democracy and Dictatorship*. Minneapolis: University of Minnesota Press.

Boix, Carles, Michael Miller, and Sebastian Rosato. 2012. "A Complete Data Set of Political Regimes, 1800–2007." *Comparative Political Studies* 46: 1523–54.

Bon, Frederic. 1978. *Les élections en France*. Paris: Seuil.

Bracher, Karl Dietrich. 1966. "The Technique of the National Socialist Seizure of Power." In Fritz Stern (ed.), *The Path to Dictatorship 1918–1933: Ten Essays by German Scholars*. Garden City, NY: Anchor Books. Pages 113–32.

Brady, David, John Ferejohn, and Aldo Paparo. 2017. "Immigration and Politics: A Seven Nation Study." Working paper.

Bright Line Watch. 2018. "Wave 5." April. http://brightlinewatch.org/wave5/.

Bruno, Michael, and Jeffrey Sachs. 1985. *Economics of Worldwide Stagflation*. Cambridge, MA: Harvard University Press.

Brynjolfsson, Erik, Daniel Rock, and Chad Syverson. 2017. "Artificial Intelligence and the Modern Productivity Paradox: A Clash of Expectations and Statistics." Working paper.

Buchanan, James M., and Gordon Tullock. 1962. *The Calculus of Consent: Logical Foundations of Constitutional Democracy*. Ann Arbor: University of Michigan Press.

Calvert, Randall. 1994. "Rational Actors, Equilibrium, and Social Institutions." In J. Knight and I. Sened (eds.), *Explaining Social Institutions*. Ann Arbor: University of Michigan Press.

Canovan, Margaret. 2002 "Taking Politics to the People: Populism as the Ideology of Democracy." In Yves Meny and Yves Surel (eds.), *Democracies and the Populist Challenge*. New York: Palgrave. Pages 25–44.

Capoccia, Giovanni. 2005. *Defending Democracy: Reactions of Extremism in Interwar Europe*. Baltimore: Johns Hopkins University Press.

Carr, William. 1969. *The History of Germany 1815–1945*. New York: St. Martin's Press.

Case, Anne, and Angus Deaton. 2017. "Mortality and Morbidity in the 21st Century." *Brookings Papers on Economic Activity*. BPEA Conference Drafts, March 23–4.

Cassese, Sabino. 2011. *Lo Stato fascista*. Milano: il Mulino.

Cautres, Bruno. 2018. "Le clivage gauche-droite dans les démocraties modernes." *Cahiers français* 404 (May–June): 52–61.

Cheibub, Jose Antonio. 2007. *Presidentialism, Parliamentarism, and Democracy*. New York: Cambridge University Press.

Cheibub, Jose Antonio, Jennifer Gandhi, and James Raymond Vreeland. 2010. "Democracy and Dictatorship Revisited." *Public Choice* 143: 67–101.

Chen, M. Keith, and Ryne Rohla. 2018. "The Effect of Partisanship and Political Advertising on Close Family Ties." *Science* 360 (June 1): 1020–4.

Chetty, Raj, David Grusky, Maximilian Hell, Nathaniel Hendren, Robert Manduca, and Jimmy Narang. 2016. "The Fading American Dream: Trends in Absolute Income Mobility Since 1940." Working Paper 22910. www.nber.org/papers/w22910.

Chiaramonte, Alessandro, and Vincenzo Emanuele. 2017. "Party System Volatility, Regeneration and De-institutionalization in Western Europe (1945–2015)." *Party Politics* 23: 376–88.

Cohn-Bendit, Daniel, and Gabriel Cohn-Bendit, 1968. *Obsolete Communism: The Left-Wing Alternative*. New York: McGraw-Hill.

Colantone, Italo, and Piero Stanig. 2017. "The Trade Origins of Economic Nationalism: Import Competition and Voting Behavior in Western Europe." *Balfi Carefin Centre Research Paper* No. 2017–49. Università Commerciale Luigi Bocconi, Milan.

Cornell, Agnes, Jørgen Møller, and Svend-Erik Skaaning. 2017. "The Real Lessons of the Interwar Years." *Journal of Democracy* 28: 14–28.

Corvalan, Luis L. 2003. *El Gobierno de Salvador Allende*. Santiago: LOM Ediciones.

Coser, Lewis A. 1964. *The Functions of Social Conflict: An Examination of the Concept of Social Conflict and Its Use in Empirical Sociological Research*. New York: Free Press.

Cukierman, Alex, Sebastian Edwards, and Guido Tabellini. 1992. "Seigniorage and Political Instability." *American Economic Review* 82: 537–55.

Dahl, Robert A. 1971. *Polyarchy: Participation and Opposition*. New Haven: Yale University Press.〔ロバート・ダール『ポリアーキー』高畠通敏、前田脩訳、岩波書店、2014年〕

Dancygier, Rafaela M. 2010. *Immigration and Conflict in Europe*. New York: Cambridge University Press.

Dancygier, Rafaela M. 2017. *Dilemmas of Inclusion: Muslims in European Politics*. Princeton: Princeton University Press.

Dancygier, Rafaela M., and David D. Laitin. 2014. "Immigration into Europe: Economic Discrimination, Violence, and Public Policy." *Annual Review of Political Science* 17: 43–64.

Delmer, Sefton. 1972. *Weimar Germany: Democracy on Trial*. London: Macdonald.

Denquin, Jean-Marie. 1988. *1958: La Genèse de la Ve République*. Paris: Presses Universtaires de France.

De Vylder, Stefan. 1974. *Allende's Chile: The Political Economy of the Rise and Fall of the Unidad Popular*. Cambridge: Cambridge University Press.

Diamond, Larry. 2002. "Thinking about Hybrid Regimes." *Journal of Democracy* 13(2): 21–35.

Dimsdale, Nicholas, Nicholas Horsewood, and Allard Van Riel. 2004. "Unemployment and Real Wages in Weimar Germany." University of Oxford Discussion Papers in Economic and Social History, Number 56.

Dixit, Avinash, Gene M. Grossman, and Faruk Gul. 2000. "The Dynamics of Political Compromise." *Journal of Political Economy* 108: 531–68.

Downs, Anthony. 1957. *An Economic Theory of Democracy*. New York: Harper and

Row.〔アンソニー・ダウンズ『民主主義の経済理論』古田精司監訳、成文堂、1980年〕

Droz, Bernard, and Evelyne Lever. 1991. *Histoire de la Guerre d'Algérie*. Paris: Éditions du Seuil.

Dunn, John. 2000. *The Cunning of Unreason*. Cambridge: Cambridge University Press.

Dunn, Susan. 2004. *Jefferson's Second Revolution: the Election Crisis of 1800 and the Triumph of Republicanism*. Boston: Houghton Mifflin.

Elias, Anwen, Edina Szocsik, and Christina Isabel Zuber. 2015. "Position, Selective Emphasis and Framing: How Parties Deal with a Second Dimension in Competition." *Party Politics* 21: 839–50.

Elster, Jon. 1998. "Deliberation and Constitution Making." In Jon Elster (ed.), *Deliberative Democracy*. Cambridge: Cambridge University Press. Pages 97–122.

Ermakoff, Ivan. 2008. *Ruling Onself Out: A Theory of Collective Abdications*. Durham, NC: Duke University Press.

Esteban, Joan-Maria, and Debraj Ray. 1994. "On the Measurement of Polarization." *Econometrica* 62: 819–51.

Evans, Richard J. 2003. *The Coming of the Third Reich*. Penguin Publishing Group. Kindle Edition.〔リチャード・J・エヴァンズ『第三帝国の到来』山本孝二訳、白水社、2018年〕

Fearon, James. 2011. "Self-enforcing Democracy." *Quarterly Journal of Economics* 126: 1661–708.

Ferejohn, John, and Pasquale Pasquino. 2003. "Rule of Democracy and Rule of Law." In Jose Maria Maravall and Adam Przeworski (eds.), *Democracy and the Rule of Law*. New York: Cambridge University Press. Pages 242–60.

Flechtheim, Ossip K. 1966. "The Role of the Communist Party." In Fritz Stern (ed.), *The Path to Dictatorship 1918–1933: Ten Essays by German Scholars*. Garden City, NY: Anchor Books. Pages 89–112.

Foa, Roberto Stefan, and Yascha Mounk. 2016. "The Democratic Disconnect." *Journal of Democracy* 27(6): 5–17.

Fossati, Diego. 2014. "Economic Vulnerability and Economic Voting in 14 OECD Countries." *European Journal of Political Research* 53: 116–35.

Foucault, Martial. 2018. "Les transformations de la sociologie du vote." *Cahiers français* 404 (May–June): 42–51.

Franceinfo. 2017. "En 2016, les actes racistes, antisémites et antimusulmans ont baissé en France, mais pas les actes antichrétiens." February 2. www.francetvinfo.fr/societe/religion/en-2016-les-actes-racistes-antisemites-et-antimusulmans-ont-baisse-en-france-mais-pas-les-actes-antichretiens_2044983.html.

Friedmann, T. 2001. *The Lexus and the Olive Tree: Understanding Globalization.* New York: Anchor Books. 〔トーマス・フリードマン『レクサスとオリーブの木：グローバリゼーションの正体』東江一紀、服部清美訳、草思社、2000年〕

Gargarella, Roberto. 2003. "The Majoritarian Reading of the Rule of Law." In Jose Maria Maravall and Adam Przeworski (eds.), *Democracy and the Rule of Law.* New York: Cambridge University Press. Pages 147–67.

Ginsburg, Tom, and Mila Versteeg. 2012. "The Global Spread of Constitutional Review: An Empirical Analysis." Working paper, University of Chicago Law School.

Ginsburg, Tom, and Aziz Z. Huq. 2018a. "How to Lose a Constitutional Democracy." *UCLA Law Review* 65(1): 78–169.

Ginsburg, Tom and Aziz Z. Huq. 2018b. *How to Save a Constitutional Democracy.* Chicago: University of Chicago Press.

Golder, Matt. 2016. "Far Right Parties in Europe." *Annual Review of Political Science* 19: 477–97.

Goldsmith, Jack. 2018. "Paradoxes of the Deep State." In Cass R. Sunstein (ed.), *Can It Happen Here?* New York: HarperCollins. Pages 105–34.

Graham, Benjamin A.T., Michael K. Miller, and Kaare Strøm. 2017. "Safeguarding Democracy: Powersharing and Democratic Survival." *American Political Science Review* 111: 686–704.

Graf, Rudiger, and Konrad H. Jarausch. 2017. "'Crisis' in Contemporary History and Historiography." www.docupedia.de/zg/Graf_jarausch_crisis_en_2017.

Graham, Matthew, and Milan W. Svolik. 2018. "Democracy in America? Partisanship, Polarization, and the Robustness of Support for Democracy in the United States." Unpublished manuscript, Yale University.

Gramsci, Antonio. 1971 (c.1930). *Prison Notebooks.* New York: International Publishers.

Guiso, Luigi, Helios Herrera, Massimo Morelli, and Tommaso Sonno. 2017. "Demand and Supply of Populism." Discussion Paper 11871. Center for Economic Policy Research, London.

Habermas, Jurgen. 1973. *Legitimation Crisis.* Boston: Beacon Press.

Haffner, Sebastian. 2002. *Histoire d'un Allemand.* Paris: Babel.

Hainmueller, Jens, and Daniel J. Hopkins. 2014. "Public Attitudes Toward Immigration." *Annual Review of Political Science* 17:225–49.

Harms, Philipp, and Stefan Zink. 2003. "Limits to Redistribution in a Democracy: A Survey." *European Journal of Political Economy* 19: 651–68.

Hastings, Michel. 2018. "Le clivage gauche-droite: disparition ou renouvellement?"

Cahiers français 404 (May–June): 34–41.

Helpman, Elhanan. 2016. "Globalization and Wage Inequality." Working paper, Department of Economics, Harvard University.

Hofstadter, Richard. 1969. *The Idea of a Party System: The Rise of Legitimate Opposition in the United States, 1780–1840*. Berkeley: University of California Press.

Huber, John, and Ronald Inglehart. 1995. "Expert Interpretations of Party Space and Party Locations in 42 Societies." *Party Politics* 1: 73–111.

Human Rights Brief. 2017. "Xenophobic and Racist Hate Crimes Surge in the European Union." February 28. http://hrbrief.org/2017/02/xenophobic-racist-hate-crimes-surge-european-union/.

Hutchison, Elizabeth Quay, Thomas Miller Klubock, and Nara B. Milanich (eds.). 2013. "The Chilean Road to Socialism: Reform and Revolution." *Chile Reader: History, Culture, Politics*. Durham, NC: Duke University Press. Pages 343–428.

Ignazi, Piero. 1992. "The Silent Counter-Revolution: Hypotheses on the Emergence of Extreme Right-Wing Parties in Europe." *European Journal of Political Research* 22: 3–34.

Ignazi, Piero. 2003. *Extreme Right Parties in Western Europe*. Oxford: Oxford University Press.

Inglehart Ronald F., and Flanagan S.C. 1987. "Value Change in Industrial Societies." *American Political Science Review* 81: 1289–319.

Inglehart, Ronald F., and Pippa Norris. 2016. "Trump, Brexit, and the Rise of Populism: Economic Have-Nots and Cultural Backlash." Faculty Research Working Paper Series, Harvard Kennedy School.

Ivarsflaten, Elisabeth. 2005. "The Vulnerable Populist Rignt Parties: No Economic Realignment Fuelling Their Electoral Success". *European Journal of Political Research* 49(3): 465-492.

Ivarsflaten, Elisabeth. 2008. "What Unites Right-Wing Populists in Western Europe? Re-examining Grievance Mobilization Models in Seven Successful Cases." *Comparative Political Studies* 41: 3–23.

Jung, Florian. 2011. "Income Inequality, Economic Development, and Political Institutions." Doctoral dissertation no. 3196 presented at the University of St. Gallen.

Kalecki, Michal. 1972 [1932]. "Czy mozliwe jest 'kapitalistyczne' wyjście z kryzysu?" In *Kapitalizm, koniunktura i zatrudnienie*. Warsaw: Państwowe Wydawnictwo Ekonomiczne. Pages 75–81.

Kantar Public. 2018. "Ocena dzialalnosci rzadu, premiera i prezydenta." Online K002/18, January.

Karl, Terry Lynn. 1995. "The Hybrid Regimes of Central America." *Journal of Democracy* 6(3): 72–87.

Kates, Sean, and Joshua Tucker. 2017. "We Never Change, Do We? Economic Anxiety and the Far Right in a Post Crisis Europe." Working paper, Department of Politics, New York University.

Ketcham, Ralph (ed.). 1986. *The Anti-Federalist Papers and the Constitutional Convention Debates*. New York: Mentor Books.

King, Gary, and Langche Zheng. 2007. "When Can History Be Our Guide? The Pitfalls of Counterfactual Inference." *International Studies Quarterly* 51: 183–210.

King, Gary, Ori Rosen,Martin Tanner, and Alexander F. Wagner. 2008. "Ordinary Economic Voting Behavior in the Extraordinary Election of Adolf Hitler." *Journal of Economic History* 68: 951–96.

Kitschelt, Herbert. 1994. *The Transformation of European Social Democracy*. Cambridge: Cambridge University Press.

Kriesi, Hanspeter, Edgar Grande, Martin Dolezal, Simon Bornschier, and Timotheos Frey. 2006. "Globalization and the Transformation of the National Political Space: Six European Countries Compared." *European Journal of Political Research* 45: 921–56.

Kriesi, Hanspeter et al. 2012. *Political Conflict in Western Europe*. Cambridge: Cambridge University Press.

Lambrecht Plaza, Karen. 2011. "La Distribución del Ingreso en Chile: 1960–2000." Facultad de Economia y Negocios, Universidad de Chile, Santiago.

Landau, David. 2013. "Abusive Constitutionalism." *University of California at Davis Law Review* 47: 189–260.

Landsberger, Henry A., and Tim McDaniel. 1976. "Hypermobilization in Chile, 1970–1973." *World Politics* 28: 502–41.

Lee, Woojin, and John E. Roemer. 2006. "Race and Redistribution in the United States: A Solution to the Problem of American Exceptionalism." *Journal of Public Economics* 90: 1027–52.

Le Gac Julie, Anne-Laure Olivier, and Raphael Spina. 2015. *La France en chiffres, de 1870 à nos jours: Sous la direction d'Olivier Wieviorka*. Paris: Perrin.

Lenin, Vladimir I. 1959 [1919]. "Letter to the Workers of Europe and America." In *Against Revisionism*. Moscow: Foreign Languages Publishing House. Pages 479–86.

Lepsius, Rainer M. 1978. "From Fragmented Party Democracy to Government by Emergency Decree and Nationalist Socialist Takeover: Germany." In Juan J. Linz and Alfred Stepan (eds.), *The Breakdown of Democratic Regimes: Europe*.

Baltimore: Johns Hopkins University Press. Pages 34–79.

Levitsky, Steve, and Lucan A.Way. 2010. *Competitive Authoritarianism: Hybrid Regimes after the Cold War*. New York: Cambridge University Press.

Lewandowsky, Stephan, Ullrich K.H. Ecker, and John Cook. 2017. "Beyond Misinformation: Understanding and Coping with the 'Post-Truth' Era." *Journal of Applied Research in Memory and Cognition* 6: 353–69.

Lind, Jo T. 2005. "Why Is there So Little Redistribution?" *Nordic Journal of Political Economy* 31: 111–25.

Lindvall, Johannes. 2014. "The Electoral Consequences of Two Great Crises." *European Journal of Political Research* 53: 747–65.

Linz, Juan J. 1978. *The Breakdown of Democratic Regimes: Crisis, Breakdown, and Reequilibration*. Baltimore: Johns Hopkins University Press. 〔フアン・リンス著『民主体制の崩壊:危機・崩壊・再均衡』横田正顕訳、岩波書店、2020年〕

Lippmann, Walter. 1956. *The Public Philosophy*. New York: Mentor Books. 〔ウォルター・リップマン『リップマン公共哲学』小林正弥監訳、勁草書房、2023年〕

Lipset, Seymour Martin. 1960. *Political Man*. Garden City, NY: Doubleday.〔S・M・リプセット『政治のなかの人間：ポリティカル・マン』内山秀夫訳、東京創元社、1963年〕

Los mil dias de Allende. 1997. www.cepchile.cl.

Luo, Zhaotian, and Adam Przeworski. 2018. "Subversion by Stealth: Dynamics of Democratic Backsliding." Working paper, Department of Politics, New York University.

Lust, Ellen, and David Waldner. 2015. "Unwelcome Change: Understanding, Evaluating and Extending Theories of Democratic Backsliding." USAID. pdf. usaid.gov/pdf_docs/PBAAD635.pdf.

McCarty, Nolan, Keith Poole, and Howard Rosenthal. 2016. *Polarized America: The Dance of Ideology and Unequal Riches*. Cambridge, MA: MIT Press.

McGann, Anthony. 2006. *The Logic of Democracy: Reconciling Equality, Deliberation, and Minority Protection*. Ann Arbor: University of Michigan Press.

McKinsey Global Institute. 2017. "A Future That Works: Automation, Employment, and Productivity."

Macaulay, Thomas B. 1900. *Complete Writings*, Vol. 17. Boston and New York: Houghton-Mifflin.

Maddison, Agnus. 2011. Statistics on World Population, GDP and Per Capita GDP, 1–2008 AD. www.ggdc.net/maddison/oriindex.htm.

Maeda, Ko. 2010. "Two Modes of Democratic Breakdown: A Competing Risks Analysis of Democratic Durability." *Journal of Politics* 72(4): 1129–43.

Magaloni, Beatriz. 2017. "Thought Piece on How Democracies Fail." Paper presented at the How Do Democracies Fall Apart (And Could it Happen Here)? conference, Yale University, October 6.

Manin, Bernard. 1997. *The Principles of Representative Government.* Cambridge: Cambridge University Press.

Manin, Bernard. 2017. "Les habits neufs de la représentation." *Esprit* 437: 71–85.

Maravall, Jose Maria. 2016. *Demands on Democracy.* Oxford: Oxford University Press.

Maravall, Jose Maria, and Adam Przeworski. 2001. "Political Reactions to the Economy: The Spanish Experience." In Susan C. Stokes (ed.), *Public Support for Economic Reforms in New Democracies.* New York: Cambridge University Press.

Margalit, Yotam M. 2013. "Explaining Social Policy Preferences: Evidence from the Great Recession." *The American Political Science Review* 107: 80–103.

Marks G, L. Hooghe, M. Nelson, et al. 2006. "Party Competition and European Integration in the East and West: Different Structure, Same Causality." *Comparative Political Studies* 39: 158–9.

Martner, Gonzalo. 1988. *El gobierno del presidente Salvador Allende 1970–1973.* Santiago: Editorial LAR.

Marx, Karl. 1934 [1852]. *The Eighteenth Brumaire of Louis Bonaparte.* Moscow: Progress Publishers.

Marx, Karl. 1952 [1851]. *Class Struggles in France, 1848 to 1850.* Moscow: Progress Publishers.

Marx, Karl. 1971. *Writings on the Paris Commune.* Edited by H. Draper. New York: International Publishers.

Marx, Karl. 1979 [1859]. *A Contribution to the Critique of Political Economy.* New York: International Publishers.

Medina, Lucia. 2015. "Partisan Supply and Voters' Positioning on the Left–Right Scale in Europe." *Party Politics* 21: 775–90.

Meeuwis, Maarten, Jonathan A. Parker, Antoinette Schoar, and Duncan I. Simester. 2018. "Belief Disagreement and Portfolio Choice." NBER Working Paper 25108. www.nber.org/papers/w25108.

Miao, Ouyang. 2016. "The Pro-Competitive Effect of Chinese Imports: Amplification through the Input–Output Network." Job Market Paper, Department of Economics, Brandeis University.

Michaels, Walter Benn. 2007. *The Trouble with Diversity: How We Learned to Love Identity and Ignore Inequality.* New York: Henry Holt and Co.

Miliband, Ralph. 1975. *Parliamentary Socialism: A Study in the Politics of Labour.* 2nd edn. London: Merlin Press.

Mill, John Stuart. 1977 [1859]. *The Collected Works of John Stuart Mill, Volume XVIII – Essays on Politics and Society Part I*, edited by J.M. Robson. Toronto: University of Toronto Press.

Mill, John Stuart. 1991 [1857]. *Considerations on Representative Government*. Cambridge: Cambridge University Press. 〔J・S・ミル『代議制統治論』関口正司訳、岩波書店、2019 年〕

Minkenberg, Michael. 2000. "The Renewal of the Radical Right: Between Modernity and Anti-modernity." *Government and Opposition* 35: 170–88.

Minow, Martha. 2018. "Could Mass Detentions Without Process Happen Here?" In Cass R. Sunstein (ed.), *Can It Happen Here?* New York: HarperCollins. Pages 313–28.

Montesquieu. 1995 [1748]. *De l'esprit des lois*. Paris: Gallimard.

Moral, Mert, and Roben E. Best. 2018. "On the Reciprocal Relationship between Party Polarization and Citizen Polarization." Paper presented at the 2018 Annual Meeting of the Midwest Political Science Association, Chicago.

Mudde, Cas. 2004. "The Populist Zeitgeist." *Government and Opposition* 39: 541–63.

Navia, Patricio, and Rodrigo Osorio. 2017. "'Make the Economy Scream'? Economic, Ideological and Social Determinants of Support for Salvador Allende in Chile, 1970–3." *Journal of Latin American Studies* 49: 771–97.

Navia, Patricio, and Rodrigo Osorio. 2018. "Attitudes Toward Democracy and Authoritarianism Before, During and After Military Rule: The Case of Chile, 1972–2013." *Contemporary Politics*: 1–23.

NBC. 2017. "U.S. Hate Crimes Up 20 Percent in 2016, Fueled by Election Campaign: Report." March 14. www.nbcnews.com/news/us-news/u-s-hate-crimes-20-percent-2016- fueled-election-campaign-n733306.

ODEPLAN. 1971. *Plan de la Economia Nacional*. Santiago: Oficina de Planificacion Nacional.

O'Donnell, Guillermo. 1994. "Delegative Democracy." *Journal of Democracy* 5(1): 55–69.

Ostrogorskij, Michael. 1981 [1927]. *Democracy and the Organization of Political Parties*. Piscataway, NJ: Transaction Publishers.

Pasquino, Gianfranco. 2008. "Populism and Democracy." In Daniele M. Albertazzi and Duncan McDonnell (eds.), *Twenty-First Century Populism*. NewYork: Palgrave Macmillan. Pages 15–29.

Pew Research Center. 2015. "More Mexicans Leaving Than Coming to the U.S." November 19. www.pewhispanic.org/2015/11/19/more-mexicans-leaving-than-coming-to-the-u-s/.

Pew Research Center. 2018. "Public Opinion on Abortion." October 15. www.pewforum.org/fact-sheet/public-opinion-on-abortion/.

Piketty, Thomas. 2018. "Brahmin Left vs Merchant Right: Rising Inequality and the Changing Structure of Political Conflict (Evidence from France, Britain and the US, 1948–2017)." *WID. World Working Paper Series* No. 2018/7.

Pizzorno, Alessandro. 1964. "The Individualistic Mobilization of Europe." *Daedalus* (December): 199–224.

Popper, Karl. 1962. *The Open Society and Its Enemies*. London: Routledge and Kegan Paul. 〔カール・ポパー『開かれた社会とその敵』内田詔夫、小河原誠訳、未来社、1980年〕

Prothro, James W., and Patricio E. Chaparro. 1976. "Public Opinion and the Movement of the Chilean Government to the Left, 1952–73." In Arturo Valenzuela and J. Samuel Valenzuela (eds.), *Chile: Politics and Society*. New Brunswick, NJ: Transaction Books. Pages 67–114.

Przeworski, Adam. 1986. *Capitalism and Social Democracy*. New York: Cambridge University Press.

Przeworski, Adam. 2010. *Democracy and the Limits of Self-Government*. New York: Cambridge University Press.

Przeworski, Adam. 2015. "Acquiring the Habit of Changing Governments through Elections." *Comparative Political Studies* 48: 1–29.

Przeworski, Adam, and Fernando Limongi. 1997. "Modernization: Theories and Facts." *World Politics* 49: 155–83.

Przeworski, Adam, Gonzalo Rivero, and Tianyang Xi. 2015. "Elections as a Method of Processing Conflicts." *European Journal of Political Economy* 39: 235–48.

Putterman, Louis. 1996. "Why Have the Rabble not Redistributed the Wealth? On the Stability of Democracy and Unequal Wealth." In John E. Roemer (ed.), *Property Relations, Incentives, and Welfare*. London: McMillan. Pages 359–89.

Rodrik, Dani. 2017. "Populism and the Economics of Globalization." Discussion Paper 12119, Centre for Economic Policy Research, London.

Roemer, John E. 1998. "Why the Poor Do Not Expropriate the Rich: An Old Argument in New Garb." *Journal of Public Economics* 70: 399–424.

Rooduijn, Matthijs, and Tjitske Akkerman. 2017. "Flank Attacks: Populism and Left–Right Radicalism in Western Europe." *Party Politics* 23: 193–204.

Rosanvallon, Pierre. 2004. *Le Modèle Politique Français: La société civile contre le jacobinisme de 1789 à nos jours*. Paris: Seuil.

Rosanvallon, Pierre. 2009. "Réinventer la démocratie." *Le Monde*, April 30.

Rothwell, Jonathan. 2017. "Cutting the Losses: Reassessing the Costs of Import Competition to Workers and Communities." Working paper, Gallup, Inc.

Rothwell, Jonathan, and Pablo Diego-Rosell. 2016. "Explaining Nationalist Political Views: The Case of Donald Trump." Working paper, Gallup. Last revised November 2, 2016.

Rousseau, Jean-Jacques. 1964 [1762]. *Du contrat social*. Edited by Robert Derathe. Paris: Gallimard.〔ジャン＝ジャック・ルソー『社会契約論』作田啓一訳、白水社、2010 年〕

Sadurski, Wojciech. 2018. "How Democracy Dies (in Poland): A Case Study of Anti-Constitutional Populist Backsliding." Legal Studies Research Paper No. 18/01, Sydney Law School.

Saiegh, Sebastian. 2009. "Political Prowess or Lady Luck? Evaluating Chief Executives' Legislative Success Rates." *Journal of Politics* 71: 1342–56.

Sanchez-Cuenca, Ignacio. 2003. "Power, Rules, and Compliance." In Jose Maria Maravall and Adam Przeworski (eds.), *Democracy and the Rule of Law*. New York: Cambridge University Press. Pages 62–93.

Schedler, Andreas. 2006. *Electoral Authoritarianism: The Dynamics of Unfree Competition*. Boulder, CO: Lynn Rienner.

Schorske, Carl E. 1955. *German Social Democracy 1905–1917: The Development of the Great Schism*. New York: Harper & Row.

Schumann, Dirk. 2009. *Political Violence in the Weimar Republic, 1918–1933: Fight for the Streets and the Fear of Civil War*. New York: Berghahn Books.

Schumpeter, Joseph A. 1942. *Capitalism, Socialism, and Democracy*. New York: Harper & Brothers.〔シュムペーター『資本主義・社会主義・民主主義』中山伊知郎 , 東畑精一訳、東洋経済新報社、1995 年〕

Shadmehr, Mehdi, and Dan Berhardt. 2011. "Collective Action with Uncertain Payoffs: Coordination, Public Signals and Punishment Dilemmas." *American Political Science Review* 105: 829–51.

Sheppele, Kim Lane. 2013. "The Rule of Law and the Frankenstate: WhyGovernanceChecklistsDoNot Work." *Governance* 26: 559–62.

Skinner, Quentin. 1973. "The Empirical Theorists of Democracy and Their Critics: A Plague on Both Houses." *Political Theory* 1: 287–306.

Smulovitz, Catalina. 2003. "How Can the Rule of Law Rule? Cost Imposition through Decentralized Mechanisms." In Jose Maria Maravall and Adam Przeworski (eds.), *Democracy and the Rule of Law*. New York: Cambridge University Press. Pages 168–87.

Sontheimer, Kurt. 1966. "Anti-Democratic Thought in the Weimar Republic." In Fritz Stern (ed.), *The Path to Dictatorship 1918–1933: Ten Essays by German Scholars*. Garden City, NY: Anchor Books.Pages 32–49.

SPLC. 2016. "Update: 1,094 Bias-Related Incidents in the Month Following

the Election." December 16. www.splcenter.org/hatewatch/2016/12/16/update-1094-bias-related-incidents-month-following-election.

Spoon, Jae-Jae, and Heike Kluwer. 2015. "Voter Polarisation and Party Responsiveness: Why Parties Emphasise Divided Issues, But Remain Silent on Unified Issues." *European Journal of Political Research* 54: 343–62.

Stern, Fritz. 1966. "Introduction," In *The Path to Dictatorship 1918–1933: Ten Essays by German Scholars*. Garden City, NY: Anchor Books.

Stokes, Susan C. (ed.). 2001. *Public Support for Economic Reforms in New Democracies*. New York: Cambridge University Press.

Stone, Geoffrey R. 2018. *Perilous Times: Free Speech in Wartime, from the Sedition Act of 1798 to the War on Terrorism*. New York: W.W. Norton.

Strauss, David A. 2018. "Law and the Slow-Motion Emergency." In Cass R. Sunstein (ed.), *Can It Happen Here?* New York: HarperCollins. Pages 365–86.

Svolik, Milan W. 2015. "Which Democracies Will Last? Coups, Incumbent Takeovers, and the Dynamic of Democratic Consolidation." *British Journal of Political Science* 45(4): 715–38.

Svolik, Milan W. 2017. "When Polarization Trumps Civic Virtue: Partisan Conflict and the Subversion of Democracy by Incumbents." Unpublished manuscript, Yale University.

SWIID. 2014. "The Standardized World Income Inequality Data Base." Version 4.0. https://dataverse.harvard.edu/dataset.xhtml?persistentId=hdl:1902.1/11992.

Teinturier, Brice. 2018. "Perceptions de la politique et vote: ce qui a changé." *Cahiers français* 404 (May–June): 62–71.

Tingsten, Herbert. 1973. *The Swedish Social Democrats*. Totowa: Bedminster Press.

Turner, Henry Ashby Jr. 1985. *German Big Business and the Rise of Hitler*. New York: Oxford University Press.

UNU-WIDER. 2014. "World Income Inequality Database (WIID3.0A)." June. www.wider.unu.edu/research/WIID-3a/en_GB/database/

Varol, Ozan O. 2015. "Stealth Authoritarianism." *Iowa Law Review* 100: 1673–742.

Wagner, M. 2012. "Defining and Measuring Niche Parties." *Party Politics* 18: 854–64.

Weakliem, David. 2016a. "Declining Support for Democracy?" December 7. https://justthesocialfacts.blogspot.com/2016/12/declining-support-for-democracy.html?m=0.

Weakliem, David. 2016b. "Going Downhill." December 2. https://justthesocialfacts.blogspot.com/2016/12/going-downhill.html?m=0.

Weingast, Barry R. 1997. "Political Foundations of Democracy and the Rule of Law." *American Political Science Review* 91:245–63.

Weingast, Barry R. 2015. "Capitalism, Democracy, and Countermajoritarian Institutions." *Supreme Court Economic Review* 23: 255–77.

Wilson, Kenneth A. 2017. Cross-National Time-Series Data Archive.

Yocelevzky, Ricardo A. 2002. *Chile: partidos politicos, democracia y dictadura, 1970–1990*. Mexico: Fondo de Cultura Economica.

Zakaria, Fareed. 1997. "The Rise of Illiberal Democracy." *Foreign Affairs* 76(6): 22–43.

註

第二章

（1） 以下で用いる「騒擾（unrest）」は、暴動（riots）、暗殺、ゼネスト、反政府デモの総計である。データは、バンクス（Banks 1996）が作成し、ウィルソン（Wilson 2017）が継続しているデータコレクション（ここではCNTSDAと表記する）に基づく。このデータは国や時代を超えて比較可能であるようにみえるものの、近年のメディア報道の増加や小国・大国間の不均等な扱いに伴うバイアスが生じているように思われる。

第三章

（1） 以下の記述はShumann（2009）に負うている。

（2） 以下の出来事については主としてLos mil dias de Allende（1997）に基づいている。

第五章

（1） 以下に掲げる数字や図は、2000年時点でのOECD加盟国である19カ国を対象としたものである（ギリシャ、イタリア、ポルトガル、スペインを除く）。党名変更や合併、分裂があったために、どの党が既成政党の後継で、どの党が新たに生まれたものなのかについては、ある程度恣意的たらざるを得なかった。データは2014年までを対象としている。

（2） 「有効政党数」とは、政党の得票（もしくは獲得議席）の割合から算出される指標である。具体的には、$1/Vi^2$（Viは政党iの得票率）として測られる。たとえば、3つの政党の得票率がそれぞれ0.5、0.4、0.1だった場合、有効政党数は1/0.42、つまり2.38となる。

（3） https://www.leparisien.fr/elections/presidentielle/ を参照。

（4） Armingeon et al.（2016）は「ポピュリスト右派」という名称を用いているが、これはGolder（2016）の分類における「極右（extreme right）」と「急進右派（radical right）」をあわせたものとなる。また、彼らはハンガリーのフィデス、ポーランドのPiS、イギリスのUKIPを「右派」に含めていない。データは2014年までのものである。

（5） すべての国を含むプールされたデータでは、固定効果OLS（最小二乗法）回帰係数の95％信頼区間は[-0.168–0.095; N = 1571]である。急進右派政党が存在しない国がいくつかあるため、ランダム効果のトービット回帰を

推定したところ、さらに負の係数が得られた [-0.487、-0.274; 453 非打切りデータ]。

（6） 二次元性の総論と第二軸がある際の政党戦略については、Elias, Szocsik, and Zuber（2015）の巻頭言のある *Party Politics*, 2015, vol. 21(6) を参照。

（7） 彼らの指摘についての賛否は https://www.journalofdemocracy.org/online-exchange-democratic-deconsolidation/ にアクセスするとよい。

第六章

（1） 「組合」という言葉は、1979 年の保守党のマニフェストとサッチャーの選挙運動のなかで最も多く用いられた。解雇と敵対的規制という複合圧力を受け、労働組合運動は極めて弱体化し、5 年間で 17% もの組合員を失った。

第八章

（1） www.youtube.com/watch?v=vST61W4bGm8 参照。

（2） 戦間期の総所得のジニ係数が計算できる 5 カ国の中では、フランスでは 1919 年の 45 から 1939 年には 40 に、ドイツでは 1926 年の 38 から 1932 年には 35 に、オランダでは 1919 年の 49 から 1939 年には 38 に、スウェーデンでは 1919 年の 48 から 1939 年には 36 に、そしてアメリカでは 1919 年の 44 から 1939 年には 38 に、それぞれ減少している。これらの計算は、アトキンソンほか（Atkinson, Piketty, and Saez 2011）が提供しているパレート係数 o をジニ係数に変換したものに基づいている。

第九章

（1） 事実、ビーチでの女性の服装に関する規制は、フランスにおける政治的対立の主題になっている。長年にわたる対立は公共のビーチでヌードになることを許可すべきかどうかということであり、新しい対立はつま先から頭まで覆うことを許可すべきかどうかということである。

第一〇章

（1） 「勝利」の定義は見かけほど単純ではない。選挙法が重要な役割を果たす。トルコでは AKP が 2002 年に初めて権力の座についた時は得票率 34.3% で 66% の議席を獲得し、ハンガリーではフィデスが 2010 年に得票率 53% で 68% の議席、ポーランドでは PiS が〔2015 年に〕得票率 37.5% で 51% の議席をそれぞれ獲得している。ベネズエラのチャベス大統領就任は定義が難しい。1998 年の議会選挙では伝統政党が実質的には勝利し、大統領選挙ではチャベスが 56.4% の得票率で当選、新憲法を問う国民投票は 71.8％で承認された。その後チャベスは 59.8％で新たな選挙に勝ち、2000 年の議会選挙では彼の政党が得票率 44.4％で 55.7％の議

席を獲得した。

(2)　www.youtube.com/watch?v=vST61W4bGm8 参照。

(3)　この結論は罗兆天と共同で開発した一連の数理モデルに基づいている。Luo and Przeworski（2018）を参照。

(4)　なお、トルコはAKP政権下で一人当たり所得が年率4.4%の成長、ベネズエラは原油価格の影響で2004年から2011年まで（2009年は除く）目覚ましい成長を遂げ、ハンガリーはフィデス政権下で3.5%の成長、ポーランドはPiS政権下で所得が伸び続けている（データは2014年までのPWT9.0より）。

第一一章

(1)　この研究分野の概要については、Putterman（1996）, Roemer（1998）, Harms and Zink（2003）, Lind（2005）, Ansell and Samuels（2010）, Acemoglu et al.（2015）を参照のこと。

図一覧

表一覧